U0581765

改革开放
改变中国

——中国改革的成功密码

陈曙光 李海青 等著

人民出版社

目　　录

序言：改革中兴的中国

新中国成立以来，特别是改革开放以来，伴随着中国取得惊羡全球的发展成果，世界经济中心的新一轮切换周期已经启动，中国开启了重回世界之巅的伟大征程。从"西方时代"到"中国时代"，从"华盛顿时间"到"北京时间"，这是 21 世纪的大趋势、历史的大逻辑。今天，中国前所未有地接近世界舞台中央，在 21 世纪的"历史剧本"中，中国必将成为当之无愧的主角。这一切，无疑应归功于社会主义，归功于中国共产党，归功于改革开放，只有社会主义才能救中国，只有改革开放才能发展中国、发展社会主义、发展马克思主义。

一

中华民族有五千多年的文明史，我们的祖先曾经创造了灿烂的中华文明，塑造了辉煌的古代中国。自秦汉以来，中华民族在世界上独领风骚逾千年，长期高居世界文明之巅，为人类作出了卓越贡献，成为世界上伟大的民族。

近代以降，伴随着西方工业文明的崛起，中华民族从世界之巅跌落，帝国主义的入侵使中国濒临亡国灭种的边缘，陷入了山河破碎、内忧外患的黑暗境地，中国人民坠入了战乱频仍、民不聊生的深重苦难之中。从 1840 年鸦片战争爆发、中国沦为半殖民地半封建社会，到 1919 年五四运动之前，无数仁人志士"以爱国相砥砺，以救亡为己任"，不屈不挠、前仆后继，为了挽救国家危亡、实现民族复兴、增进人民幸福，提出过各式各样的救国方案，但都以失败告终。

旧式农民起义搞过了——这就是 1851 年爆发的太平天国农民起义，持续 14 年之久，遍及 18 个省，建立了百万农民军，最后还是被镇压下去了。因为农民阶级不是先进生产力的代表，提不出代表先进生产力发展要求的制度和纲领，农民革命战胜不了封建王朝。

洋务运动搞过了——这就是从 19 世纪 60 年代到 90 年代，以曾国藩、李鸿章、左宗棠、张之洞等为代表的封建地主阶级内部的一些人，为了维护摇摇欲坠的封建王朝而兴办的"洋务"运动。洋务运动的指导思想是"中学为体、西学为用"，实质是封建地主阶级的"自救"运动，这就使得他们的各项"洋务"不可避免地带有强烈的封建性和买办性，从而在帝国主义进攻面前不堪一击，甲午海战中北洋水师全军覆没就是证明。封建主义抵御不了资本主义，兴办"洋务"复兴不了中国。

资产阶级改良主义搞过了——这就是 1898 年的戊戌变法。康有为六次上书光绪皇帝要求变法，提出"兴民权""开议院""君民共主"等政治主张，清政府以光绪皇帝的名义颁布设立新式机构、奖励工商、改革科举、开办新式学堂以及提倡"西学"等项法令一百多道，但是，以慈禧太后为首的封建顽固派一朝政变，将光绪皇帝囚禁起来，慈禧重新"垂帘听政"，变法就"流产"了，只存在三个多月，史称"百日维新"。资产阶级改良主义遭到了失败，维新变法救不了中国。

旧式资产阶级民主革命也搞过了——这就是孙中山所领导的资产阶级民主革命。1911年10月10日爆发的辛亥革命推翻了清王朝的统治。1912年元旦，孙中山就职中华民国南京临时政府大总统，宣告了在中国延续两千多年的封建帝制历史的终结，中国历史揭开了新的一页。但是，由于中国民族资产阶级的软弱性，政权很快被封建军阀袁世凯所篡夺，袁世凯死后，中国陷入了军阀割据和军阀混战的局面，帝国主义趁机加紧对中国进行侵略和掠夺，中华民族危机日深，中国还是没有出路，民族复兴依然看不到曙光。

西方民主政治模式也搞过了——这就是总统制、议会制、多党制。辛亥革命以后，中国统治集团尝试过总统制、议会制、多党制，但都行不通，要么陷入军阀混战，要么复辟帝制，最后归于国民党一党独裁，民族复兴依然不知道路在何方，中国依然处于乱世之中。

一百多年来，中国共产党之外的各派政治势力都未能改变旧中国的社会性质和中国人民的悲惨命运，都没能担负起民族独立、人民解放、民族复兴的历史使命。

不甘屈服的中国人民一次次抗争，一次次失败，又一次次奋起；一次次跌倒，又一次次重生。大浪淘沙，历史呼唤真正合格的使命担当者。谁能够承担起民族独立、人民解放、民族复兴的历史使命，谁就能赢得中国各民族人民的衷心拥护，成为中华民族的主心骨。在历史的反复比较中，在各种主义、各条道路的反复权衡中，在各派政治力量的反复较量中，在中国人民反抗封建统治和外来侵略的激烈斗争中，在马克思列宁主义同中国工人运动的结合过程中，中国人民选择了中国共产党，选择了社会主义。

中国共产党的成立是开天辟地的大事变。这一"大事变"，深刻改变了中华民族发展的方向和进程，深刻改变了中国人民和中华民族的前途和命运，深刻改变了世界发展的趋势和格局。中国共产党一经成立，就把实现共产主义作为党的最高理想和最终目标，义无反顾地肩负起实现中华民族伟大复兴的历史使命，团结带领人民进行了艰苦卓绝的斗争，谱写了气吞山河的壮丽史诗。自从有了中国共产党的领导，中国人民谋求民族独立、人民解放和国家富强、人民幸福的斗争就有了主心骨，久经磨难的中华民族从此开启了重塑民族自信、走向民族复兴的伟大征程。

中国共产党是民族复兴使命的合格担当者。中国共产党人九十多年来的接续奋斗，中华民族实现了由乱到治的历史性转变，国家命运实现了由跪到立的历史性转折，社会面貌实现了由废到兴的历史性变迁。在世界政党史上，能够一肩扛起"救亡图存（革命）"和"民族复兴（建设）"两大历史重任，舍我其谁？正如美国著名学者费正清先生所说，中国共产党过去创造了"革命的世界奇迹"，今天又创造了"发展的世界奇迹"。这两大世界奇迹是发生在一个具有超长历史纵深、超大国土面积、超大人口规模的国家里，这是人类迄今为止最伟大的政治、经济和社会变革，世界上没有任何一个民族能在这么短的时间内经历这么大的制度变革和这么快的财富增长。

二

新中国成立后，中国共产党领导人民开始了社会主义革命和建设的伟大实践。社会主义建设初期，如何建设社会主义对于中国共产党人来说是一个全新的课题，苏联模式是唯一可供参考借鉴的实践样板，"以俄为师""走俄国人的路"是当时中国领导人迫不得已的选择。但是，中国毕竟不是俄国，苏联模式不是为中国量身打造的，将其挪搬到中国，水土不服的症状便很快表现出来，加之苏联模式本身弊病丛生，是继续"以俄为师"，还是独立探索适合中国国情的社会主义建设道路？我们党选择了后者，开始了"以苏为鉴"的实践探索。这一探索尽管取得了巨大的成绩，但也出现了脱离实际的严重失误。特别是在"文化大革命"时期，党对社会主义的认识严重偏离了科学社会主义的基本原则，实行"以阶级斗争为纲"的错误路线，奉行"无产阶级专政下继续革命"的错误理论，严重背离了马克思主义，中国社会主义事业陷入前所未有的困境，国民经济到了崩溃的边缘。实践告诉我们，固守"苏联模式"没有出路，封闭僵化的老路发展不了中国，发展不了社会主义。1976年，"文化大革命"结束，"中国向何处去"成为摆在中国人民面前头等重要的问题。

党的十一届三中全会以来，邓小平深刻总结党执政以来正反两方面的经验，紧紧抓住"什么是社会主义、怎样建设社会主义"这个基本问题，发出了"走自己的道路，建设有中国特色的社会主义"的伟大号召，作出了实行改革开放的伟大决策，领导我们党成功开辟了中国特色社会主义道路。

改革开放 40 年来，中华民族书写了人类历史上最伟大的发展故事，开启了重回世界之巅的光明前景。

改革开放 40 年来，中国经历了人类历史上最快的财富增长。1990 年，俄罗斯的 GDP 是中国的 1.3 倍，现在中国等于 8 个俄罗斯；1994 年，中国 GDP 第一次赶超西方发达经济体加拿大，现在等于 7 个加拿大；2001 年中国 GDP 超过意大利，现在等于 6 个意大利；1978 年，中印在同一个平台上，现在等于 5 个印度；2005年中国经济体量超过英、法两国，现在等于 4 个英国、4 个法国；2007 年中国超过德国，现在等于 3 个德国还要多；2010 年超过日本，现在是 2 个日本还要多。改革开放以来，中国与世界最大经济体的差距也显著缩小，1987 年，美国 GDP 是中国的 15 倍；1997 年，美国是中国的 9 倍；2007 年，美国是中国的 5 倍；2017 年，美国是中国的 1.6 倍；如果按购买力平价计算，则中国在 2014 年已经超过美国。2018 年，中国经济总量超过欧元区，150 年之后，中国再次回到了历史上曾经习以为常的位置。德国前外长费舍尔说：单个欧洲国家甚至没有一丝希望跟上全球玩家美国和中国的步伐，欧洲只有共同行动才有机会。这大致也是欧盟之所以必须存在的合理性所在。据测算，中国将在 15 年左右的时间内超过美国成为世界上最大的经济体，届时中国中产阶层的人数将是美国人口的两倍。

改革开放 40 年来，中国建成了世界上最完整的工业产业链条，拥有了世界上最强大的生产能力。今天的世界，类似"一带一路"这样的全球发展倡议很多，比如俄罗斯的"欧亚联盟计划"，印度的"季风计划"，哈萨克斯坦的"阳光之路计划"，蒙古的"草原之路计划"，等等。但若是要带领广大发展中国家共同发展，只有中国有这个能力，这也是"一带一路"唱响世界的原因。据联合国的统计，世界上 30 个工业大类，500 个工业小类，中国是世界上最完整的，美国大约只能拿下其中的 100 多种。2010 年，中国的制造业总产值超过美国，美国在这个位置已经坐了 114 年。以钢铁产能为例，十多年前就形成了这样的格局：中国第一，河北第二，唐山第三，美国第四，经过近些年大幅压减、淘汰落后产能，今天这个格局依然没有根本改变。2016 年，中国的制造能力等于美国的 160%，相当于美、日、德的总和。据估计，10 年之后，中国制造业总产值将等于美、日、欧盟的总和；20 年之后，主要工业品种的生产能力都将形成中国与世界 PK 的局面。所以，从制造业的角度来看，金灿荣先生有一个形象的说法，20 年之后，世界就只剩下两个国家：中国和外国。

改革开放 40 年来，中国的科技事业取得了长足进步，呈现跟跑、并跑、领跑并存的局面。近年来，我国科技进入迅猛发展期，重大创新成果不断涌现，一些重要领域跻身国际并跑行列，部分领域达到国际领先水平。中国高铁世界第一，自产率接近 90%，远超其他高铁强国，德国的自产率是 6 成，日本是 7 成。现在全球没有一个国家的高铁里程超过京广线。再比如，特高压输变电技术全球唯一，量子通讯技术全球唯一，北斗导航精度厘米级，超算世界第一，天宫、蛟龙、天眼、悟空、墨子、大飞机等重大科技成果相继问世，移动支付、共享产品全球领先。这些都表明，我国科技发展已经站在新的历史起点上，科技创新能力正从量的积累向质的飞跃转变、从点的突破向系统能力提升转变，具备了从科技大国迈向科技强国的重要基础。

改革开放40年来，中国的扶贫事业取得历史性成就。七亿多人脱离了贫困，约占整个世界脱贫人数的80%，贫困发生率已经降至4%以下，脱贫攻坚战取得决定性进展。到2020年，中国有信心、有决心、有能力顺利完成精准扶贫、精准脱贫工作。到那时，中国将在世界上立起一座新的历史丰碑，为全世界的减贫事业提供一个新的成功样本，为广大发展中国家做好扶贫工作贡献中国智慧、提供中国方案。

改革开放40年来，中国从世界体系边缘走向了世界舞台中央，中国与世界的关系迎来了历史性翻转。中国与世界关系的翻转始于2008年美国金融危机，中国在缺乏足够心理预期的情况下被推到了世界舞台中央。中国从跟随全球化转向引领全球化，从融入全球化转向塑造全球化，从输入型现代化转向辐射型现代化，这是前所未有之大变局。美国总统特朗普强调"买美国货、雇美国人"，宣示"美国优先"，退出PPT，边境修隔离墙，禁止穆斯林入境美国，重新谈判北美自由贸易协定，威胁对中国征收惩罚性关税；英国脱欧几成现实，欧洲极右翼势力壮大，法国勒庞崛起，西方逆全球化深入扩展。习近平总书记指出，全球化走到了十字路口，全世界聚焦中国，中国不能当旁观者、跟随者，而是要做参与者、引领者。习近平总书记还指出，20年前甚至15年前，经济全球化的主要推手是美国等西方国家，今天反而是我们被认为是世界上推动贸易和投资自由化、便利化的最大旗手，引领世界发展潮流。2017 年 1 月，习近平主席出席达沃斯论坛、访问日内瓦总部时向全世界公开宣示："中国的大门对世界始终是打开的，不会关上"，① 中国"坚定不移发展开放型世界经济"，② 中国"旗帜鲜明反对保护主义"，③ 中国"欢迎各国人民搭乘中国发展的'快车'、'便车'"。④ 从这时开始，中国从跟随全球化转向了引领全球化，世界秩序重建第一次赋予了中国很大的话语权。如果说改革开放初期，中国是搭了全球化的便车；今天，这个搭便车的人已经走进了驾驶室，掌控着全球化的发展方向。美国强加给中国的贸易战，说到底是全球化与反全球化、多边主义与单边主义、世界主义与民粹主义、贸易自由化与保守主义的一次巅峰对决。

概言之，中国过去 40 年所取得的巨大成功，"中国奇迹"惊羡世界，归功于中国特色社会主义道路，归功于改革开放的伟大时代。

三

经过改革开放 40 年的接力奋斗，中国大踏步赶上了时代，中国特色社会主义伟大旗帜高高飘扬于世界的东方，中华民族迎来了从站起来、富起来到强起来的伟大飞跃，迎来了实现中华民族伟大

---

① 《习近平谈治国理政》第二卷，外文出版社 2017 年版，第 486 页。
② 《习近平谈治国理政》第二卷，外文出版社 2017 年版，第 481 页。
③ 《习近平谈治国理政》第二卷，外文出版社 2017 年版，第 481 页。
④ 《习近平谈治国理政》第二卷，外文出版社 2017 年版，第 484 页。

复兴的光明前景，这是一件具有世界历史意义的重大事件。

第一，它意味着中国成功改写了全球发展观念，人类社会在西方发展模式之外开辟了更加壮丽的现代化之路。

现代化的发展方向是无法绕开的，但走向现代化的道路是可以选择的。环顾全球，西方最先完成了现代化的任务，也最先享受到现代化的成果。西方俨然掌握了叩开现代化之门的唯一钥匙，拜西方为师，向西方靠拢，"走西方的路"，成为了很多发展中国家无法抗拒的诱惑。"全球化＝西方化"，"现代化＝西方化"，这个简单的发展公式说明了全部的问题，但遗憾的是，这可能也是当今世界诸多矛盾和问题的总根源。

其实，西方模式，无论是以英美为代表的盎格鲁—萨克逊模式，还是欧洲大陆的莱茵模式，只是实现现代化的一种选择，而非唯一选择；西式现代性只是现代性的一个版本，而非唯一版本。西方收获了现代化的巨大成果，但同时也遭遇了"现代性之殇"。

每个国家、每个民族都有权选择适合自己的现代化道路。如何实现现代化，实现什么样的现代化，中国一开始就有自己的独立判断，从未简单地复制西方的发展模式，也从未简单地进入西方的发展逻辑之中。邓小平指出："我们搞的现代化，是中国式的现代化。我们建设的社会主义，是有中国特色的社会主义。我们主要是根据自己的实际情况和自己的条件，以自力更生为主。"[1]习近平也指出："世界上没有放之四海而皆准的发展模式"，[2]"我们要虚心学习借鉴人类社会创造的一切文明成果，但我们不能数典忘祖，不能

————————
① 《邓小平文选》第三卷，人民出版社 1993 年版，第 29 页。
② 《习近平谈治国理政》，外文出版社 2014 年版，第 292 页。

照抄照搬别国的发展模式"。① 中国不输入外国模式，也不输出中国模式，不会要求别国复制中国的做法。中国搞现代化，必须走中国道路。所谓"中国道路"，简单地说就是中国特色社会主义道路。今天，"中国道路"已经取得了举世瞩目的巨大成就，过去我们都未曾进入西方设定的历史轨迹，今天更没有理由跟随西方的脚步亦步亦趋，我们应该有这样的道路自信和战略定力。

中国特色社会主义进入新时代，标志着中国自主开辟的现代化道路取得了巨大成功。中国道路的成功，改变了西方书写的全球发展观念，证明了单一发展模式与模式可输出理论的简单和偏颇；中国道路的成功，挑战了西方经验唯一正确的神话，终结了西方模式主宰世界的线性史观；中国道路的成功，证明了通往现代化并非只有一个模式、一种选择，所谓"全球化＝西方化""现代化＝西方化"不过是西方编织的又一个神话；中国道路的成功，将西方的普世模式还原为地区性模式，普世文明还原为地域性文明，人类开启了一个多元共存、和谐共生的新时代；中国道路的成功，向世界揭示了"走自己的路"，寻找适合本国国情的发展模式才是不变的法则、永恒的真理。

第二，它意味着中国成功改写了西方文明统治全球的世界图景，宣告了"西方中心论"的破产，"历史终结论"的终结。

中国走向复兴，绝不仅仅意味着经济体量的壮大、政治实力的崛起、军事力量的强盛等，还应包含文化精神和价值观的复兴。习近平指出："实现我们的发展目标，不仅要在物质上强大起来，而

---

① 《习近平谈治国理政》，外文出版社 2014 年版，第 30 页。

且要在精神上强大起来"。① 中国不仅应该成为行动的巨人，也应该成为文明的赢家、话语的强者。

一直以来，"西方中心论"者始终认为，起始于欧洲的现代文明进程"是唯一成功和正确的发展逻辑"，他们只认同一条道路，那就是西方道路，"除了资本主义别无选择"；他们只接受一种结局，那就是全球西方化，西方政治文明、制度模式和价值观念普世化。福山的"历史终结论"其实也就是"文明终结论"，他对西方文明的推崇是以排斥其他文明的合法性为前提的，这显然违背了文明自身的发展规律。福山曾经宣称："构成历史的最基本的原则和制度可能不再进步了，原因在于所有真正的大问题都已经得到了解决"。② 在他看来，西式自由民主的价值观念和制度模式无可匹敌，人类历史的演进已经走向终结。福山先生还畅想道，历史终结以后的世界将会变得非常无聊，流露出西方不再有对手的失落感。"西方中心论""历史终结论"是西方国家输出发展模式和价值观念的学理依据，是西方推行"和平演变"和"颜色革命"的哲学基础。然而，这一切都将随着中国复兴而走向终结。

"西方中心论"的破产，是当今世界三百年未有之大变局。中国以西方不认可的社会制度、发展模式、政党体制、文明观念，花费比西方少得多的时间，付出比西方小得多的代价，取得了比西方更大的成绩，成功走向民族复兴，一步步逼近"两个一百年"奋斗目标。这证明，我们的制度是有优越性的，我们的发展模式是符合

---

① 《习近平谈治国理政》，外文出版社 2014 年版，第 46 页。
② 弗朗西斯·福山：《历史的终结及最后之人》，黄胜强、许铭译，中国社会科学出版社 2003 年版，代序第 3 页。

国情的，我们的文明和价值观是先进的。这证明，西方的发展模式绝不是人类通往现代化的唯一选择，西方的价值观绝不是可以殖民全世界的普世价值观，西方的文明也绝不是高人一筹的最优文明。概言之，改革开放的伟大实践证明，"历史终结论"是错误的，"西方中心论"是狭隘的，"文明优越论"是偏颇的，"别无选择论"是行不通的。

中国健步走向复兴，实际上代表着一种新的文化精神的崛起，一套新的价值观念的成功，一种新的文明形态的出场，这是中国为捍卫人类文明的多样性作出的重大贡献，也是中国奉献给全人类的宝贵精神财富。中国的文化精神和价值观念，是一套完全不同于新教伦理与资本主义精神的价值体系，是一套对西方价值观念构成巨大挑战的思想资源，是一套对西方自由民主制度具有比较优势的精神财富。如果没有中国在资本主义的层层夹缝中坚定地突围，闯出一条文明新路，人类可能真的要在"西方中心主义"的思维惯性中沉沦，永远地失去独立思考的能力，永远只能扮演西方文明追随者、模仿者的角色形象。"除了资本主义，他们别无选择"，这是撒切尔夫人承诺的未来世界图景；"西方价值观统治世界，实现思想的征服"，这是克林顿先生筹划的世界文明秩序。然而，如果全世界真的都走向"西方化"，只剩下"西方"一种色彩，那将是人类迄今为止遭遇的最大人文精神危机，这将是包含西方世界在内的全人类的悲剧。

第三，它意味着两条道路、两种制度的竞争迎来了有利于社会主义的历史拐点，社会主义的制度优势、中国共产党的治理优势、中国的发展优势在世界舞台中央集中绽放。

1917 年俄国十月革命胜利，第一个社会主义国家诞生，标志着科学社会主义从理论变成了实践，标志着世界历史从此进入了"一球两制"的新时代——社会主义与资本主义两种制度长期共存、相互竞争、竞相发展的时代。

20 世纪 80 年代末、90 年代初，国际风云突变。东欧剧变，苏联解体，世界社会主义运动遭受重大挫折，社会主义在与资本主义的制度竞争中遭受暂时性的溃败。当时国际国内一些人士幸灾乐祸，社会主义、马克思主义成了一些人打趣、讽刺的对象，西方世界更是弹冠相庆这一"世界性的胜利"。西方资产阶级学者欢呼"社会主义的产生和灭亡，是 20 世纪留给人类的两大遗产"。他们兴高采烈地鼓噪：马克思主义终结了，社会主义终结了，历史终结了；一个新的时代，资本主义雄霸全球、一统天下的黄金时代开始了。国内也有人附和这种主张。正是在这种背景下，邓小平在南方谈话中指出："我坚信，世界上赞成马克思主义的人会多起来的，因为马克思主义是科学"，①"(苏东) 一些国家出现严重曲折，……不要惊慌失措，不要以为马克思主义就消失了，没有了，失败了。哪有这回事！"②现在，二十多年过去了，邓小平当初的预言已经为历史所证实。"中国奇迹"是 21 世纪初最为重大的世界历史事件，中华民族伟大复兴已经展露在地平线上，科学社会主义在 21 世纪的中国焕发出强大生机活力，中国特色社会主义伟大旗帜高高飘扬在世界的东方，两种制度、两条道路的竞争迎来了有利于社会主义的历史拐点。

---

① 《邓小平文选》第三卷，人民出版社 1993 年版，第 382 页。
② 《邓小平文选》第三卷，人民出版社 1993 年版，第 383 页。

今年是改革开放 40 周年，中国用短短几十年的时间走完了西方发达国家一百多年、甚至几百年所走过的路。"中国奇迹"的样本意义是其他国家难以比肩的。中国是一个非常独特的样本，超大国土空间、超长历史纵深、超大人口规模、超长文化传统、多民族多宗教；中国奇迹，是十亿人口量级、十万亿美元量级的大国奇迹，这是人类迄今为止绝无仅有的历史景象。19 世纪美国崛起时人口是 4 千万，经济规模不到千亿美元；20 世纪日本崛起时人口是 9 千万，经济规模刚过万亿美元，人口量级、经济体量与中国相比都是不可同日而语的。"中国奇迹"的出现，充分体现了社会主义的制度优势、中国共产党的治理优势、中国的发展优势。

第四，它意味着中国终结了"国强必霸""霸极必衰"的陈旧逻辑，开辟了"强而不霸""和平复兴"的发展道路。

地理大发现以来，西方国家的发达史就是一部"国强必霸"的历史。16 世纪，葡萄牙、西班牙称霸世界；17 世纪是"海上马车夫"荷兰的世纪；18、19 世纪是英法争霸、成就"日不落帝国"的世纪；19 世纪末 20 世纪初德国、日本相继崛起，回报两次世界大战；20 世纪是美苏争霸的世纪，也是美国完胜的世纪。可见，500 年来，西方国家崛起后纷纷走上了霸权主义这条不归路。历史似乎一再证明，只有不能称霸的国家，没有不想称霸的国家。进入 21 世纪，中国这头睡狮已经醒来，块头一天天长大，胳膊一天天粗壮，21 世纪的中国究竟是会步西方列强的后尘，成为下一个世界霸主，还是会成为大国兴衰之路上唯一的例外呢？

历史已经证明并将继续证明，中国是"国强必霸"之路上的一个例外。习近平说，中国这只睡狮已经醒来，但世界不必为之发抖，这是一只"和平的、可亲的、文明的狮子"。中国自一开始就没有重复昔日大国"国强必霸"的老路，中国以和平的方式发展，以优雅的姿态走向世界舞台中央，发展起来以后依然会走和平的道路。习近平反复强调："中国将始终做世界和平的建设者，坚持走和平发展道路，无论国际形势如何变化，无论自身如何发展，中国永不称霸、永不扩张、永不谋求势力范围。"[1]"我们在政策上是这样规定的、制度上是这样设计的，在实践中更是一直这样做的"。[2]这样的政策宣示是基于历史、现实、未来的客观情势得出的必然结论。

"不称霸"的战略选择，源于中华"和合文化"的基因传承；源于对民族苦难历史的深刻记忆；源于对"好战必亡""霸极必衰"定律的深刻认知；源于对和平主题和发展大势的深刻把握；源于对共产党执政理念和马克思主义价值信条的执着坚守。中华民族是爱好和平的民族，中国的处世哲学提倡"以和为贵""和谐万邦""己所不欲勿施于人"，中国不会将自己曾经遭遇的苦难强加于人，中国不会要求后人来偿还他们先人的历史欠债。中国追求富强不是为了称王称霸，正如中国人习武不是为了打人一样。弱肉强食是丛林法则，不是国与国之间的相处之道；穷兵黩武是霸道做法，只能搬起石头砸自己的脚。

中国以和平的方式复兴，既改写了昔日大国霸权扩张的发展逻辑，也改写了大国崛起后称王称霸的历史宿命。一个强大的中国不是世界和平的威胁，相反，是维系世界和平的中坚力量。中国越是

---

① 《习近平谈治国理政》第二卷，外文出版社 2017 年版，第 525 页。
② 《习近平谈治国理政》，外文出版社 2014 年版，第 267 页。

强大，维系世界和平的力量就越大，筹码就越足。中国的和平发展道路实现了对资本主义霸权逻辑的成功超越，它昭示我们，大国崛起并非只有靠战争起家、殖民扩张一条路，以和平的方式发展，以文明的姿态崛起，将是未来世界的优先选项。中国和平复兴，意味着"国强必霸"的陈旧逻辑走向终结，意味着"强而不霸"的发展逻辑上升为新的时代主轴，意味着人类社会迎来了一个没有霸权的新时代。

第一章　中国共产党的使命担当

——改革成功的核心密码

改革开放以来，中国取得了举世瞩目的发展成就，中华民族伟大复兴展现出光明的前景，中国的国际地位与世界影响与日俱增。辉煌的成绩单，正是中国共产党为什么能够超越西方政党的"钟摆效应"而赢得人民长久信任的深刻原因。解码中国改革的成功密码，一些人有意无意地绕开政党因素。其实，中国共产党的领导是中国特色社会主义最本质的特征和最大优势，也构成了中国改革成功的关键密码。不了解中国共产党，就无法解码当代中国，就无法理解中国改革为什么成功。

中国共产党作为中国的最高政治领导力量与中国唯一的执政党，其政党类型、运作特点、领导方式与执政逻辑对于中国的改革发展而言至关重要，具有决定性意义。就此而言，要想破解中国改革的成功密码，首先需要深入把握中国共产党的特点。

那么，中国共产党是一个什么类型的政党？具有什么本质特点呢？对此，从不同角度当然可以有不同的概括，从其最核心的意义上来说，中国共产党是一个典型的马克思主义使命型政党。区别于主要关注当下事情、现实问题，以满足民众现实利益诉求为手段，以获得或维持执政地位为目的的现实型政党，使命型政党基于自身意识形态有着长远的历史使命与宏伟的目标蓝图，其存在包括执政活动本身最终就是为了实现自身所追求的高远使命与目标蓝图。与使命型政党的内涵相适应，所谓马克思主义使命型政党是指以马克思主义为指导，以对人类社会发展规律的认知与把握为前提，以人民至上为价值宗旨，以实现民族、国家的解放或发展为自觉使命，以推进世界大同、实现共产主义、实现每个人的自由全面发展为最终使命，具有强烈的历史主体意识与舍我其谁的责任担当情怀的一种政党类型。这一点，从马克思主义创始人的理论与实践直至今天中国共产党人的理论与实践都可以得到清晰明确的验证。特别是中国共产党，更是以近百年的历史表明，她是一个典型的、具有充分代表性的马克思主义使命型政党。

中国共产党作为一个使命型政党，决定了中国共产党的领导机制与执政逻辑，决定了中国共产党在近现代历史上的作用，决定了中国共产党在改革大业中所取得的伟大成就。

一、对伟大使命的明确认知与自觉担当

使命型政党因使命而生，因使命而在。1847年，世界上第一个马克思主义政党，即共产主义者同盟通过了由马克思恩格斯参与

起草的《共产主义者同盟章程》，规定同盟的目的是：推翻资产阶级政权，建立无产阶级统治，消灭旧的以阶级对立为基础的资产阶级社会和建立没有阶级、没有私有制的新社会。依照这一规定，按照对历史规律的认知，在实践中消灭资本主义，从而过渡到共产主义，实现人的自由全面发展，这就是马克思主义使命型政党最终的伟大使命！由此可见，马克思主义政党在诞生之初，就明确认识到了自身所应肩负的历史使命。可以说，对历史使命的自觉认定、勇于担当、坚毅履行，作为内在基因很大程度决定了马克思主义使命型政党思想建设、组织架构的主要特点以及对党员党性的具体要求。历史使命的认定、承担与实现是大道，是根本，是主线，体现在马克思主义使命型政党建设的方方面面，贯穿于马克思主义使命型政党建设过程的始终。可以说，离开了历史使命这一本质性维度，马克思主义政党建设就失去了价值依托与目标指向，就丧失了灵魂与内核，就无法有效开展与推进。

在马克思主义政党发展史上，对于使命的认知也有一个不断时代化与国别化的过程。在马克思主义使命型政党诞生之初，实现生产关系与社会形态的根本变革，消灭私有制、建立每个人都能实现自由全面发展的新社会被视为当然的、唯一的历史使命与理想目标。但是，后来的事实证明，这一使命的实现远比当初所认为的更加漫长、更具难度，其宏大而长远，甚至可以说具有某种程度的现实超越性。在这种情况下，马克思主义使命型政党就必须在不放弃远大使命的前提下，确定自身所处的具体时代与历史阶段，并基于这一现实的时代与阶段再确立一定时期内可实现的目标与使命。在最终目标实现之前，这种现实时代与历史阶段的确定以及可行目标的确立将会具有过程的持续性。时代、阶段、使命，也正是通过这一阶段性使命的持续确立与不断实现，最终的使命才得以完成，高远的目标才得以实现。在这个意义上，马克思主义使命型政党始终面临一个时代使命与最终使命之间的张力，而这就要求现实的马克思主义政党既要志存高远，又要脚踏实地。正如习近平总书记就当今中国共产党的使命所指出的："我们既要坚定走中国特色社会主义道路的信念，也要胸怀共产主义的崇高理想，矢志不移贯彻执行党在社会主义初级阶段的基本路线和基本纲领，做好当前每一项工作。革命理想高于天。没有远大理想，不是合格的共产党员；离开现实工作而空谈远大理想，也不是合格的共产党员。"①除了使命的时代化以外，马克思主义使命型政党还面临一个使命的国别化问题。马克思主义是一种具有世界性影响的思潮，现实中，以马克思主义为指导的政党存在于国情有所差别的不同国家，在这种情况下，这些政党首先要以马克思主义为指导确立基于本国历史条件的使命与目标。当然，不论是使命的时代化还是使命的国别化，都是在最终使命这一前提下确立的。

对于中国共产党来说，自诞生之日起就担负着两个维度的历史使命。一是经典马克思主义意义上的：整个无产阶级的解放，阶级本身的消灭，共产主义作为"世界历史性"存在的实现，②每个人的自由全面发展，人类社会关系的高度和谐优化。这是由人类社会发展规律以及工人阶级的地位作用所决定的历史使命，中国共产党作为一个马克思主义政党应该而且必须牢牢持守这一最终使命，科

---

① 《习近平谈治国理政》，外文出版社 2014 年版，第 23 页。
② 《马克思恩格斯文集》第 1 卷，人民出版社 2009 年版，第 539 页。

学社会主义本身所对应的正是这一使命。二是实现中华民族的独立与解放，推进中国的现代化事业与中华民族伟大复兴。这是由近现代中国的历史形势与中华民族的历史处境所决定的历史使命，中国共产党作为一个民族国家的政党组织应该而且必须担负起这一重任，马克思主义中国化所对应的正是这一使命。当然，这一维度的历史使命在现实中也是通过不同的阶段性步骤与目标才能逐步实现。而改革正是决定当代中国命运、助力民族伟大复兴的关键一招。40 年来，中国共产党不忘为人民谋幸福之初心、牢记为民族谋复兴之使命，开启并不断深化中国之改革伟业，取得了社会主义现代化建设的历史性成就，中华民族伟大复兴展现出前所未有的光明前景。如果说中国改革有成功的密码，中国共产党的使命担当则是改革成功的核心密码。

二、对发展规律的理论探求与实践遵循

马克思主义使命型政党所担负的使命并不是一种单纯的主观认定，而是基于发展规律的揭示。正是基于发展规律，使命才是真实的，才是可以实现的，才是具有感召力的。在马克思主义的理论源头处，对规律的认识与揭示就是其最为突出的理论特质之一。在马克思墓前的讲话中，恩格斯明确提到了马克思的两大发现：一个是揭示了人类社会发展规律的唯物史观，另一个是揭示了现代资本主义生产方式和它所产生的资产阶级社会的特殊的运动规律的剩余价值理论。这两大发现指明了历史的发展方向，指出了无产阶级受剥

削的秘密。规律是可知的，方向是明确的，前途是光明的，按照规律而行当然是充满希望的，马克思主义使命型政党遂顺应历史趋势而诞生。

把握规律、担负使命、实现目标，这是一种极其强大的理论自信。可以说，自马克思始，这一理论基因在马克思主义政党发展史中显性遗传、一直存续！改革开放以来，我们党在持续的探索中深化了对"什么是社会主义、怎样建设社会主义"，"建设什么样的党、怎样建设党"，"实现什么样的发展、怎样发展"等重大问题的规律性认识，形成了包括邓小平理论、"三个代表"重要思想和科学发展观在内的中国特色社会主义理论体系。党的十八大以来，习近平总书记也多次强调要深刻认识和把握共产党执政规律、社会主义建设规律、人类社会发展规律，在纷繁复杂的形势下坚持科学指导思想和正确前进方向，把中国改革不断推向前进。也正是基于对"新时代坚持和发展什么样的中国特色社会主义、怎样坚持和发展中国特色社会主义"这一重大时代课题的科学解答和规律性把握，我们党才形成了习近平新时代中国特色社会主义思想。习近平新时代中国特色社会主义思想作为马克思主义中国化的最新成果，作为中国特色社会主义理论体系的重要组织部分，其主要内容即是十九大报告强调指出的"八个明确"和"十四个坚持"。"八个明确"是对"新时代坚持和发展什么样的中国特色社会主义"的规律性认知，"十四个坚持"是对"新时代怎样坚持和发展中国特色社会主义"的规律性认知。党的十八大以来我们之所以能够取得历史性、开创性的巨大成就，这种对改革发展规律的全面深刻把握是至为重要的原因。

三、对指导思想的极度重视与发展创新

就指导思想而言，作为使命型政党，中国共产党始终注重思想建党，强调用发展着的马克思主义武装全党，最大程度地统一思想、凝聚共识、指导实践、推动工作。中国共产党自成立以来，始终坚持把思想理论建设放在首位，注重从思想上建党，不断提高全党的马克思主义理论水平。这是中国共产党作为马克思主义政党加强自身建设的一条基本经验，也是中国共产党从弱小到强大、从幼稚到成熟、从胜利到新的胜利，不断焕发出强大感召力、凝聚力、战斗力的重要法宝。正如习近平总书记在庆祝建党95周年大会上的讲话中所说："指导思想是一个政党的精神旗帜。95年来，中国共产党之所以能够完成近代以来各种政治力量不可能完成的艰巨任务，就在于始终把马克思主义这一科学理论作为自己的行动指南，并坚持在实践中不断丰富和发展马克思主义。这使我们党得以摆脱以往一切政治力量追求自身特殊利益的局限，以唯物辩证的科学精神、无私无畏的博大胸怀领导和推动中国革命、建设、改革，不断坚持真理、修正错误。无论是处于顺境还是逆境，我们党从未动摇对马克思主义的信仰。马克思主义及其在中国的发展，为党和人民事业发展提供了既一脉相承又与时俱进的科学理论指导，为增进全党全国各族人民团结统一提供了坚实思想基础。"①

---

① 《习近平谈治国理政》第二卷，外文出版社2017年版，第33页。

对于马克思主义使命型政党来说，思想建党包括以下几个方面的内容。其一是指通过思想教育、理论学习与实践体验使全党特别是领导干部牢固树立马克思主义的世界观价值观人生观，尽可能熟悉、理解马克思主义的基本观点、基本原理与基本方法。其二是指马克思主义政党能够将马克思主义基本原理、方法与时代条件及具体国情相结合，推进马克思主义发展创新，并以这种创新性成果教育全党、统一思想。党的十七大把中国特色社会主义理论体系的形成作为改革开放以来我们取得一切成绩和进步的根本原因之一。党的十八大以来，中国特色社会主义进入了新时代，习近平总书记指出："在新的时代条件下，我们要进行伟大斗争、建设伟大工程、推进伟大事业、实现伟大梦想，仍然需要保持和发扬马克思主义政党与时俱进的理论品格，勇于推进实践基础上的理论创新。时代是思想之母，实践是理论之源。我们要在迅速变化的时代中赢得主动，要在新的伟大斗争中赢得胜利，就要在坚持马克思主义基本原理的基础上，以更宽广的视野、更长远的眼光来思考和把握国家未来发展面临的一系列重大战略问题，在理论上不断拓展新视野、作出新概括。"[①]其三是指全党特别是领导干部能够将马克思主义及其发展的创新成果以时间、地点、条件为转移应用于现实，制定合理政策，切实提高运用理论解决实际问题的能力。

总之，这种思想建党，就是通过各种途径、方式使全体党员对马克思主义及其发展成果切实入心、入脑、入行，其目的就在于最

① 《习近平谈治国理政》第二卷，外文出版社 2017 年版，第 62—63 页。

大程度地统一全党思想、明确方向，使大家心往一处想、劲往一处使，努力实现伟大使命与宏伟蓝图。中国改革之所以成就巨大，一个很重要的原因就在于中国共产党能够通过思想建党来解放思想、统一认识、汇聚力量。新时代要实现民族复兴的伟大使命，全党必须要把思想建设作为党的基础性建设，深刻领会习近平新时代中国特色社会主义思想的精神实质和丰富内涵，用党的创新理论武装头脑，巩固共同奋斗的思想基础。

四、对人民群众的价值承诺与利益关切

马克思主义的一个基本观点，就是揭示了被以往历史理论所忽视的广大人民群众在人类社会发展中的创造性的主体地位，强调人民至上。马克思主义政党不仅要一切依靠群众，而且要一切为了群众。马克思主义创始人在《共产党宣言》中就明确指出，共产党人"没有任何同整个无产阶级的利益不同的利益。他们不提出任何特殊的原则，用以塑造无产阶级的运动"。[①] 换言之，共产党人没有自己的私利，其所追求的是在社会发展基础之上工人阶级和广大劳动人民的解放、每个人的自由全面发展。对于共产党人的这一立场宗旨与价值追求，毛泽东用中国化的语言形象地将之称为"为什么人"的问题。"为什么人的问题，是一个根本的问题，原则的问题。"[②]"共产党就是要奋斗，就是要全心全意为人民服务，不要半

---

① 《马克思恩格斯选集》第1卷，人民出版社2012年版，第413页。
② 《毛泽东选集》第三卷，人民出版社1991年版，第857页。

心半意或者三分之二的心三分之二的意为人民服务。"①如果说"全心全意为人民服务"的概括简明、通俗，更为大众化，邓小平对于共产党的这一性质宗旨则做出了更为规范化的文件表述。在1956年党的八大所作《关于修改党的章程的报告》中，邓小平明确指出："同资产阶级的政党相反，工人阶级的政党不是把人民群众当作自己的工具，而是自觉地认定自己是人民群众在特定的历史时期为完成特定的历史任务的一种工具。"②中国共产党以马克思主义为指导，马克思主义要求我们在发展中必须始终坚持从现实的人出发，发展人、为了人，以人为尺度、以人为目的。这是当代中国改革之所以成功的关键与奥秘之一。

　　1978年改革的开启就是基于对民众现实利益的高度关切。传统社会主义模式不仅无法实现经济社会的持续健康发展，而且严重压抑了社会成员的主体意识和主体能力，造成了普遍的贫穷，大众温饱问题都难以解决。正如邓小平1978年9月在反思以往经验教训时所指出的："我们是社会主义国家，社会主义制度优越性的根本表现，就是能够允许社会生产力以旧社会所没有的速度迅速发展，使人民日益增长的物质文化生活需要能够逐步得到满足。……如果在一个很长的历史时期内，社会主义国家生产力发展的速度比资本主义国家慢，还谈什么优越性？我们要想一想，我们给人民究竟做了多少事情呢？"③1982年9月，邓小平在陪同朝鲜劳动党中央委员会总书记金日成到四川参观访问的途中，曾

① 《毛泽东文集》第七卷，人民出版社1999年版，第285页。
② 《邓小平文选》第一卷，人民出版社1994年版，第217—218页。
③ 《邓小平文选》第二卷，人民出版社1994年版，第128页。

经就"什么是社会主义、怎样建设社会主义"的问题一连提出了六个反问：一问"国家这么大，这么穷，不努力发展生产，日子怎么过？"二问"我们人民的生活如此困难，怎么能体现出社会主义的优越性？"三问"社会主义必须大力发展生产力，逐步消灭贫穷，不断提高人民的生活水平。否则，社会主义怎么能战胜资本主义？"四问"不努力搞生产，经济如何发展？"五问"社会主义、共产主义的优越性如何体现？"六问"我们干革命几十年，搞社会主义三十多年，截至一九七八年，工人的月平均工资只有四五十元，农村的大多数地区仍处于贫困状态。这叫什么社会主义优越性？"① 这六个问题的提出，表明以邓小平为代表的中国共产党人已经深深认识到传统的体制与做法必须改变，改革势在必行。而这样一个改革意味着对传统社会主义模式的深刻"革命"，意味着必须探索一条从中国自身实际出发、能够有效推动经济社会发展、有效满足社会成员物质需求的社会主义新路。也正是因为当年的改革满足了人民最为迫切的现实利益诉求，解决了人们的温饱问题，才赢得了人民的广泛拥护和支持。

不仅改革的开启基于对民众现实利益的高度关切，改革的深化与推进过程也始终坚持人民至上的价值理念。随着温饱问题的逐步解决以及经济市场化改革的持续推进，人们的民主、法治、公平、正义、安全、环境等方面的要求逐渐凸显，原有的需要本身也在逐步升级。正是基于满足人民逐步凸显的各方面利益诉求之需要，中国特色社会主义建设布局逐步拓展。党的十八大提出

---

① 《邓小平文选》第三卷，人民出版社1993年版，第10—11页。

的经济建设、政治建设、文化建设、社会建设、生态文明建设"五位一体"的建设总布局正是在改革开放以来不断凸显的民众各领域利益诉求的基础上逐步确立与探索形成的。总之，不论是"五位一体"的总布局，还是创新、协调、绿色、开放、共享的新发展理念，还是全面建成小康社会、全面深化改革、全面依法治国、全面从严治党的"四个全面"战略布局，其提出与形成最终都是为了满足改革进程中民众在各领域不断凸显的利益诉求。

党的十八大以来，我们党对于改革的人民立场做出了富有时代内涵的创新性诠释，提出了以人民为中心的发展思想，做出了新时代我国社会主要矛盾已经转化为人民日益增长的美好生活需要和不平衡不充分的发展之间的矛盾的重大判断。在这样一个改革的关键时期，深刻理解并牢固树立以人民为中心的发展思想，对于改革的深入推进无疑具有极为重要的价值定向意义！正如习近平总书记强调指出的，以人民为中心的发展思想，不是一个抽象的、玄奥的概念，不能只停留在口头上、止步于思想环节，而要体现在经济社会发展各个环节。"带领人民创造幸福生活，是我们党始终不渝的奋斗目标。我们要顺应人民群众对美好生活的向往，坚持以人民为中心的发展思想，以保障和改善民生为重点，发展各项社会事业，加大收入分配调节力度，打赢脱贫攻坚战，保证人民平等参与、平等发展权利，使改革发展成果更多更公平惠及全体人民，朝着实现全体人民共同富裕的目标稳步迈进。"①

----

① 《习近平谈治国理政》第二卷，外文出版社2017年版，第40页。

五、对集中统一的制度要求与组织建构

中国共产党要完成历史使命，就必须具有战斗力，必须坚持党的集中统一领导。当然，中国共产党作为典型的马克思主义使命型政党以民主集中制为组织原则。中国的改革之所以能够成功，很大一个原因就在于民主集中制这一共产党的根本组织制度和领导制度。正所谓加强纪律性，革命无不胜。正如邓小平指出的："我们这么大一个国家，怎样才能团结起来、组织起来呢？一靠理想，二靠纪律。组织起来就有力量。没有理想，没有纪律，就会像旧中国那样一盘散沙，那我们的革命怎么能够成功？我们的建设怎么能够成功？"①

政党面临的形势越复杂、挑战越严峻，就越是会强调这种组织性、纪律性、统一性。革命战争年代如此，今天改革深化的攻坚阶段也是如此。习近平总书记反复强调："我们党是靠革命理想和铁的纪律组织起来的马克思主义政党，纪律严明是党的优良传统和独特优势。我们党有八千五百多万党员，在一个幅员辽阔、人口众多的发展中大国执政，如果不严明党的纪律，党的凝聚力和战斗力就会大大削弱，党的领导能力和执政能力就会大大削弱。……新的历史条件下，我们党要团结带领人民全面建成小康社会、基本实现现代化，同样要靠铁的纪律保证。党面临的形势越复杂，肩负的任务越艰巨，就越要加强纪律建设，越要维护党的团结统一，确保全党

---

① 《邓小平文选》第三卷，人民出版社1993年版，第111页。

统一意志、统一行动、步调一致前进。"①尤其是要同党中央保持高度一致，自觉维护中央权威。

既然强调民主集中制，强调自上而下的集中统一，政党领袖与干部精英的角色就显得尤为突出。从改革的现实实践来看，领导干部特别是高级干部群体是不同层面改革思路的制定者、推动者、督促者与落实者，他们的素质品性如何、观念意识如何、能力水平如何，对于我们党进行具有新的历史特点的"伟大斗争"、推进党的建设新的"伟大工程"、成就中国特色社会主义的"伟大事业"、实现"两个一百年"的"伟大目标"具有实质性影响。正是基于以上原因，使命型政党必须抓住党员领导干部特别是高级领导干部这一"关键少数"，一旦这部分人出现大的问题，负面后果很难预料甚至不堪设想。

习近平总书记在党的十八大以来的相关重要讲话中对这一治党思路多次强调："邓小平同志说过：'在中国来说，谁有资格犯大错误？就是中国共产党。'那么在党内，谁有资格犯大错误？我看还是高级干部。高级干部一旦犯错误，造成的危害大，对党的形象和威信损害大。"②"党风廉政建设，要从领导干部做起，领导干部首先要从中央领导做起。"③"这个文件制定后，咱们率先垂范，然后层层制定、提出要求，对省军级干部有些什么要求，对地师级干部有些什么要求，对县团级干部有些什么要求，要有个章法，一直往

---

① 《习近平关于严明党的纪律和规矩论述摘编》，中央文献出版社 2016 年版，第 3—4 页。
② 《习近平关于严明党的纪律和规矩论述摘编》，中央文献出版社 2016 年版，第 95—96 页。
③ 《习近平关于全面从严治党论述摘编》，中央文献出版社 2016 年版，第 147 页。

下制定。"① 十八届六中全会通过的《关于新形势下党内政治生活的若干准则》和《中国共产党党内监督条例》这两部党内法规更是鲜明体现了这种治党思路。突出抓重点、强调抓关键，反映了马克思主义使命型政党一个典型的治党策略，即梯度治党：在对全党统一要求的基础上，针对党内不同群体与对象又有不尽相同的、区别化的治理策略。从普通党员到领导干部再到高级领导干部，能力要求愈益突出、品性要求愈益提高、制度要求愈益严明、责任要求愈益严格，从而呈现为在统一基础上各方面要求随党内职务与地位相伴上升的梯度化治党格局。

六、对党性修养的高度强调与典型示范

马克思主义政党要实现伟大的历史使命，不论是最终实现共产主义，还是实现阶段性的改革蓝图，都需要进行艰难而伟大的斗争。而要想通过这种艰难而伟大的斗争实践去改变世界、变革社会，不断加强党员个体在思想理论、政治立场、利益观念、纪律意识、政治品格等方面的修养极为必要。只有通过不断的党性修养，党员个体才有可能确保对党忠诚、对人民忠诚，才有可能保持先进性和纯洁性，全党才能有效提高抵御风险和拒腐防变能力。具体而言，之所以需要不断强化个体的党性修养，一方面是因为现实中，使命之光荣、形势之复杂、任务之艰巨，非志虑忠纯者不能担

---

① 《习近平关于严明党的纪律和规矩论述摘编》，中央文献出版社 2016 年版，第 51—52 页。

当、应对与实现。另一方面是因为现实的党员来源构成复杂，各种错误、腐朽思想不可避免地渗透、流布于党内，而且即使是经过锻炼的老党员也往往不可避免地会受到旧的思想意识的影响，凡此种种，必然影响党员个体党性修养的增强与提高，进而影响整个党的战斗力。正是基于以上原因，改革开放以来历届中央领导集体才高度强调党性修养。从严治党的巨大努力特别是对党员党性修养的反复强调成为中国改革成功的一个不可或缺的重要因素。提高党性修养的方式有多种，但树立典型示范是尤具特色的一种。典型示范是使命型政党一种重要的治理方式。使命型政党要想实现使命，不仅要求全体党员信念坚定，自省自律，而且要求在其中树立典型，发挥先锋模范作用。

新时代，面对新任务和新使命，加强党性修养更为必要。党的十八大以来，习近平总书记多次指出，现在干部出问题，主要是出在"德"上、出在党性薄弱上。党性教育是共产党人修身养性的必修课，也是共产党人的"心学"。理想信念就是共产党人精神上的"钙"，没有理想信念，理想信念不坚定，精神上就会"缺钙"，就会得"软骨病"。"党性是党员、干部立身、立业、立言、立德的基石。决定一个人如何的是品行，决定一名党员如何的是党性。党性不可能随着党龄的增加而自然增强，也不可能随着职务的升迁而自然增强，必须在严格的党内生活锻炼中不断增强。"①"思想建设是党的基础性建设。革命理想高于天。"②"要把坚定理想信念作为

---

① 习近平：《在纪念朱德同志诞辰130周年座谈会上的讲话》，人民出版社2016年版，第8页。

② 习近平：《决胜全面建成小康社会　夺取新时代中国特色社会主义伟大胜利——在中国共产党第十九次全国代表大会上的报告》，人民出版社2017年版，第63页。

党的思想建设的首要任务，教育引导全党牢记党的宗旨，挺起共产党人的精神脊梁，解决好世界观、人生观、价值观这个'总开关'问题"。① 当然，在现实中，要求每一个党员都具有高度的党性修养与高尚的道德境界也不完全现实，所以在党性修养方面，党的十八大以来的一个重要原则就是明确底线与高线。底线具有负面清单，包括纪律底线、道德底线、政策底线、法律底线，党员和党组织不可触碰、不能逾越。高线则是高的标准，属于正面倡导，发挥理想信念和道德情操引领作用。就党性修养来讲，下有底线，上不封顶，守底线和坚持高标准相结合，换言之，有一定的弹性空间。党的十九大报告也强调全体党员要通过党性修养自觉做共产主义远大理想和中国特色社会主义共同理想的坚定信仰者和忠实实践者。

---

① 习近平：《决胜全面建成小康社会　夺取新时代中国特色社会主义伟大胜利——在中国共产党第十九次全国代表大会上的报告》，人民出版社 2017 年版，第 63 页。

第二章　社会主义的制度优势

——改革成功的制度保证

1989 年，美国政治学者弗朗西斯·福山曾经在《历史的终结》中提出了"历史终结论"，认为冷战结束以后，人类政治历史发展已经到达终点，构成历史的最基本的原则和制度就此止步，"资本主义与自由民主的现代体制已经超越了历史和意识形态矛盾，但其他的世界角落还在追赶历史。自由民主制度也许是人类意识形态发展的终点和人类最后一种统治形式"，[①] 西式民主制度是"人类政府的最后形式"，这就是历史的终结。曾几何时，苏联解体、东欧剧变，仿佛都在印证他的说法。

然而二十多年后的今天，历史并没有终结。相反，西式民主乱象丛生，制度危机凸显。与此形成鲜明对比的是，社会主义中国"风景这边独好"，面对这样的事实，福山也不得不改口："随着中国崛起，所谓'历史终结论'有待进一步推敲和完善，人类思想宝

---

① 　［美］弗郎西斯·福山：《历史的终结》，远方出版社 1998 年版，第 1 页。

库需要为中国传统留有一席之地。"① 可以说，这就是中国特色社会主义制度焕发出来的优越性，这也是中国改革开放之所以走向成功的原因所在。

一、党领导一切的政治优势

中国共产党是中国特色社会主义事业的领导核心。党的领导是中国特色社会主义最本质的特征，是中国特色社会主义制度的最大优势。中国共产党的领导，是历史的选择、人民的选择。近代以来，中国始终处在内外交困的局势中，外有列强虎视眈眈，内有军阀混战剥削压迫。中国共产党从一开始就把维护和实现中国人民的根本利益作为奋斗目标。在革命、建设、改革的伟大征程中，中国共产党坚定捍卫国家民族利益，克服重重阻碍，团结带领人民迎来了从站起来、富起来到强起来的伟大飞跃。正如习近平总书记所说："没有共产党，就没有新中国，就没有新中国的繁荣富强。坚持中国共产党这一坚强领导核心，是中华民族的命运所系。"②

改革开放是一项庞大的系统工程，是党在新的时代条件下带领人民进行的新的伟大革命。只有坚持党的领导，才能始终保证社会主义现代化建设的正确方向。邓小平曾明确指出："我们搞四个现代化，是搞社会主义的四个现代化，不是搞别的现代

---

① [美] 弗朗西斯·福山：《日本要直面中国世纪》，《中央公论（日本）》2009 年第 9 期。
② 《习近平谈治国理政》第二卷，外文出版社 2017 年版，第 18 页。

化"，①"如果我们的政策导致两极分化，我们就失败了；如果产生了什么新的资产阶级，那我们就真是走了邪路了。"②这告诉我们，社会主义现代化建设，中国的改革开放，始终是同社会主义基本制度结合在一起的。历史经验证明，只有坚持党的领导，才能顺利实现党提出的战略目标，始终保持改革开放沿着社会主义方向顺利前进。

只有坚持党的领导，才能为社会主义现代化建设创造稳定、安定、团结的社会环境。团结就是大局，团结就是力量。稳定、安定、团结是全国人民的共同愿望，是社会主义现代化建设的先决条件。政局不稳，社会动荡，人心涣散，现代化建设就难以顺利进行。中国共产党具有统揽全局的能力，能够坚持实事求是的思想路线，善于区分和处理不同性质的矛盾，及时调整各方面的利益关系，可以有力地把全国各民族、各阶层的人民团结起来；我们党还善于革新进取、总结历史的经验教训，能够紧紧把握社会发展的总趋势，将积累的丰富治党治国经验转化成实际效能，将各项事业不断推向前进。正如邓小平同志在《党和国家领导制度的改革》中所说："在中国这样的大国，要把几亿人口的思想和力量统一起来建设社会主义，没有一个由具有高度觉悟性、纪律性和自我牺牲精神的党员组成的能够真正代表和团结人民群众的党，没有这样一个党的统一领导，是不可能设想的，那就只会四分五裂，一事无成。"③"中国由共产党领导，中国的社会主义现代化建设事业由共

---

① 《邓小平文选》第三卷，人民出版社 1993 年版，第 110 页。
② 《邓小平文选》第三卷，人民出版社 1993 年版，第 111 页。
③ 《邓小平文选》第二卷，人民出版社 1994 年版，第 341—342 页。

产党领导，这个原则是不能动摇的；动摇了中国就要倒退到分裂和混乱，就不可能实现现代化。"①

　　只有坚持党的领导，才能调动各方面的积极因素，搞好社会主义现代化建设。我们国家幅员辽阔，有 13 亿多人口，56 个民族，经济要发展、政治要稳定、文化要繁荣、社会要和谐、生态要美丽、民族要团结、人民要过上好日子，没有一个强有力的领导核心是不行的。改革开放和现代化建设是群众自己的事业，必须最广泛地动员他们参加，充分发挥他们的聪明才智，得到他们最有力的支持。我们党始终坚持群众路线，通过制定符合中国国情和人民群众根本利益的路线、方针和政策，最大限度地调动起人民群众建设社会主义的积极性；通过强有力的思想政治工作，使全国各族人民团结一致为实现社会主义现代化而奋斗；通过党的基层组织的战斗堡垒作用和共产党员的先锋模范作用，把人民群众动员和组织起来。改革开放的伟大实践充分证明：党对改革开放和现代化建设的领导作用，是任何其他组织和团体都不能代替的。

　　改革开放 40 年来，全国各族人民在党的坚强领导下，充分发挥积极性和主动性，心往一处想，劲往一处使，形成一股万众一心、无坚不摧的磅礴力量，以非凡的智慧和创造力，使改革开放和社会主义现代化建设取得了辉煌成就，呈现出崭新的局面。实践雄辩地证明：党的领导是改革开放取得成功的根本保障，只有坚持党的领导，才能实现建设富强民主文明和谐美丽的社会主义现代化强国的梦想。

---

① 《邓小平文选》第二卷，人民出版社 1994 年版，第 267—268 页。

二、人民当家做主的制度优势

习近平曾在《在庆祝全国人民代表大会成立 60 周年大会上的讲话》中指出："人民当家做主是社会主义民主政治的本质和核心。人民民主是社会主义的生命。没有民主就没有社会主义，就没有社会主义的现代化，就没有中华民族伟大复兴。我们必须坚持国家一切权力属于人民，坚持人民主体地位，支持和保证人民通过人民代表大会行使国家权力。"①

早在抗日战争时期，陕甘宁边区流传着这样一首民谣，"金豆豆、银豆豆，豆豆不能随便投。选好人，办好事，投在好人碗里头。"这首民谣生动描述了当时民主选举的场景，承载着人民当家做主的愿望。1945 年 7 月，延安一孔窑洞里，民主人士黄炎培先生曾经问过毛主席一个问题，怎样才能跳出"其兴也浡焉，其亡也忽焉"的历史周期律？毛泽东回答："我们已经找到新路，我们能跳出这周期律。这条新路，就是民主。只有让人民来监督政府，政府才不敢松懈。只有人人起来负责，才不会人亡政息。"②事后黄公写下了对毛泽东答话的感想："我想：这话是对的。只有大政方针决之于公众，个人功业欲才不会发生。只有把每一地方的事，公之于每一地方的人，才能使地地得人，人人得事，用民主来打破这个周期律，怕是有效的。"可以说，我国社会主义制度的

---

① 习近平：《在庆祝全国人民代表大会成立 60 周年大会上的讲话》，人民出版社 2014 年版，第 7 页。
② 中共中央文献研究室编：《毛泽东年谱（1893—1949）》中卷，中央文献出版社 2013 年版，第 611 页。

建立，开创了人民当家做主的新纪元，使占人口绝大多数的广大劳动人民能够以平等的经济地位和政治地位参与到政治生活中去，真正掌握自己的命运，这是社会主义民主政治同一切剥削阶级政治制度的根本区别。

改革开放之所以能够取得成功，离不开人民当家做主的制度优势。人民当家做主的核心要义包括五个方面：第一，中华人民共和国的一切权利属于人民，体现在国家根本性质（即国体）上，就是工人阶级领导的、以工农联盟为基础的人民民主专政的社会主义国家；体现在国家政权组织形式（即政体）上，就是人民通过各级人民代表大会行使国家权力。第二，国家建立健全法律制度和体制机制，保证人民依照法律规定，通过各种途径和形式，管理国家事务，管理经济文化事业，管理社会事务。第三，一切国家机关和国家工作人员必须依靠人民的支持，保持同人民的密切联系，倾听人民的意见和建议，接受人民的监督，努力为人民服务。第四，国家制定实施的法律法规和方针政策必须体现人民意志、尊重人民意愿、得到人民拥护，维护最广大人民根本利益。第五，国家各方面事业和各方面工作必须坚持以人民为中心的发展思想，不断满足人民日益增长的美好生活需要，促进人的全面发展。

人民当家做主好就好在，它能广泛动员和有效组织全体人民，以国家主人翁的身份投身到社会主义改革和发展事业之中，广泛而充分地调动人民群众建设国家和各项事业的积极性、主动性、创造性，凝聚起全体人民的智慧和力量。人民是历史的创造者、社会变革的推动者，是我们国家的主人，人民的衷心拥护和支持，人民主人翁精神的充分发挥，是改革开放取得胜利的不竭动力。

人民当家做主好就好在，国家各项工作都要贯彻党的群众路线，密切同人民群众的联系，倾听人民呼声，回应人民期待，全心全意为人民服务，不断解决好人民最关心最直接最现实的利益问题，充分体现了我们党执政为民、立党为公的宗旨意识。

人民当家做主好就好在，保证了党的主张与人民意志、国家意志的统一，保证了国家的一切权利属于人民，并接受人民监督，保证了我们少犯错误少走弯路，为我国经济社会发展和人民安居乐业提供了制度保障。

历经六十多年实践检验的人民当家做主的制度设计，根植于 960 万平方公里的丰腴沃土，集聚世界 1/5 人口的智慧，汲取人类政治文明的精华，焕发着勃勃生机，展现出强大生命力，也必将为我国深化改革、加快发展继续助力加油。

三、国家掌控经济命脉的力量优势

改革开放 40 年来，经过不懈努力，到 2017 年，中国 GDP 总量已经接近 13 万亿美元，稳居世界第二，占世界 GDP 总量的比重从 1976 年的 2.2% 上升到了 15%；人均 GDP 也已经达到了 8800 美元左右。今天的中国外汇储备世界第一，制造业增加值世界第一，中国总体上也已从一个农业国转型为世界上最大的制造大国，同时也基本上完成了从农村社会向城市社会的转型。中国在 40 年间发生了翻天覆地的巨大变化，这些成绩的取得离不开国家掌握经济命脉的力量优势。

我国基本经济制度是公有制为主体、多种所有制经济共同发展的基本经济制度。公有制主体地位是由社会主义本质所规定并由宪法固化了的法律原则。我国宪法明确规定："中华人民共和国的社会主义经济制度的基础是生产资料的社会主义公有制，即全民所有制和劳动群众集体所有制。"公有制主体地位主要体现在公有资产在社会总资产中占优势地位，国有经济控制国民经济命脉并对经济发展起主导作用。

国家掌握经济命脉可以有效避免出现重大的经济安全隐患，维护国家经济安全。国有经济控制国家经济命脉，国有经济作为公有制经济的重要组成部分，是社会主义制度的重要经济基础，是国家引导、推动、调控经济和社会发展的重要力量，也是实现广大人民根本利益和共同富裕的重要保证。无论在哪个国家，也无论它采取什么样的体制、制度，控制国家经济命脉的大企业都关系到国家的经济稳定和安全，国家也需要保证这些大企业的安全。国家掌握经济命脉，才能更好地实现企业效益与社会效益、企业发展与国家发展的统一。

国家掌握经济命脉可以有效避免资源浪费、恶性竞争，有利于社会稳定、经济发展。有的学者认为，国有经济缺乏足够的激励和约束机制，因而必然缺乏效率。不可否认，在计划经济体制下，部分国有企业曾经因经济体制和管理制度的原因导致僵化、效率低下。然而，随着近些年我国国企改革不断深入，国有企业已建立起了比较完善的现代企业制度，这不仅吸收了西方企业管理制度的优点，而且同时兼有我国自身独特的政治优势，比如加强了党组织在企业中的政治核心作用，建立健全职工代表大会制度等。通过建立和完善现代企业制度，我国国有企业经济效益明显提高，科技开发能力、市场竞争能力和抗御风险能力明显增强，总体上已经成为一股健康的经济力量。

国家掌握经济命脉有利于增强对整个国民经济的控制力、影响力和带动力。在改革的过程中，我们也一直不断调试国有企业和国有经济的布局，使之适应改革的需要。例如，针对国有经济分布过广、整体素质不高、资源配置不尽合理的状况，我们采取了"有进有退、有所为有所不为"的方针，有力推动经济持续健康发展。虽然说国有经济的比重可能有所减少，但总量继续增加，质量得到了很大提高，控制力、影响力、带动力得到增强。可以说，国有经济通过"有进有退、有所为有所不为"，更好地发挥了对国民经济的主导作用。国有经济在某些时期、某些领域的"进"和"退"，不是目的而是手段，是为了更好地发挥国有经济对国民经济的主导作用，促进整个国民经济健康发展。通过不断改革，将一些不属于国家经济命脉的一般性竞争领域，对一些负担过重、经营困难、长期亏损、技术落后的国有企业进行"关停并转"，表现出国有经济的"退"，有利于国有经济集中力量、加强重点，发挥主导作用；而对一些关系国计民生和国家经济命脉的重要领域，鼓励国有企业做优做大做强，鼓励竞争能力强、技术水平高的国有企业兼并技术落后、经营粗放的民营企业，这既是转方式、调结构的需要，也有利于发挥国有企业的主导作用，有利于提高国民经济的整体素质，有利于捍卫改革的社会主义方向。

四、坚持马克思主义指导地位的思想优势

思想文化是一个国家、一个民族的灵魂。无论哪一个国家、哪一个民族，如果不珍惜自己的思想文化，丢掉了思想文化这个灵魂，这个国家、这个民族是立不起来的。改革开放的成功离不开思想的引领，尤其是离不开马克思主义的指导。近年来，我们在文化领域，坚持马克思主义指导地位，用社会主义核心体系引领社会思潮，形成了全国各族人民团结奋斗的共同思想基础。

坚持马克思主义在意识形态领域的指导地位是改革过程中始终遵循的基本原则。否则，改革开放就会因为没有正确的理论基础和思想灵魂而迷失方向，最终走向失败。各种思想文化要实现和谐发展，离不开一个主心骨。任何一个国家、任何一个民族，不管其精神世界多么丰富、思想文化如何多样，都必然有一种占主导地位的文化形态和思想体系，否则，这个社会就会成为一盘散沙，就会失去思想灵魂。精神文化发展不是只要多样不要统一，正如一首美妙的音乐虽然由不同的音符组成，但各种各样的音符还需要统一在共同的主旋律下，才能演奏出动人的乐章。中国改革之所以能够走向成功，就是因为在意识形态领域，我们始终坚持马克思主义的指导性地位，坚持马克思主义这个主旋律。

中国共产党作为马克思主义政党，必须始终坚持马克思主义的世界观和方法论，始终坚持用马克思主义的立场观点方法观察问题、分析问题、解决问题，坚持用马克思主义最新成果武装全党、指导实践、推动工作。正是因为坚持了马克思主义的指导地位，坚

定社会主义的改革方向，有效地避免了思想上的混乱，保证改革始终沿着正确的方向前进。

同时，马克思主义是不断发展的、开放着的理论体系，会随着时代的发展而不断增添新的内容。坚持马克思主义的指导地位不动摇，指的是坚持马克思主义的基本原理、基本方法不动摇，并在实践中丰富和发展马克思主义。邓小平同志曾经说过："我们坚持的和要当作行动指南的是马列主义、毛泽东思想的基本原理，或者说是由这些基本原理构成的科学体系。"①

坚持马克思主义在意识形态领域的指导地位，既包括坚持马克思主义基本原理，也包括坚持中国特色社会主义理论体系，二者是统一的、一致的。改革开放以来，在建设和发展中国特色社会主义的伟大实践中，在不断应对前进道路上各种新情况新问题新挑战的过程中，我们党始终坚持解放思想、实事求是、与时俱进，坚持把马克思主义基本原理同我国改革发展的具体实际和时代特征结合起来，开辟了中国特色社会主义道路，实现了马克思主义中国化的历史性飞跃，形成了包括邓小平理论、"三个代表"重要思想、科学发展观以及习近平新时代中国特色社会主义思想在内的中国特色社会主义理论体系。中国特色社会主义理论体系，坚持和发展了马克思主义，赋予马克思主义新的内涵，开辟了马克思主义发展的新境界，是马克思主义中国化的最新成果，是当代中国的马克思主义，是改革开放的基本遵循和行动指南。

当然，不可否认，随着改革开放的不断深入，国门被打开，各

---

① 《邓小平文选》第二卷，人民出版社 1994 年版，第 171 页。

种各样的思想争相涌入。坚持马克思主义的主导地位，并不排斥社会意识的多样化。马克思主义本身就是在吸收大量人类文明成果的基础上创立的。马克思主义要不断向前发展，必须研究、吸收、借鉴人类所取得的各种新的思想成果，包括自然科学和社会科学发展的最新成就。所以，社会意识的多样化能为马克思主义的发展提供丰富多样的思想营养。马克思主义正是在不断吸收人类的文明成果中向前发展的，也是在同各种错误思潮的辩论和斗争中向前发展的。

坚持马克思主义的主导地位，有效防止了资产阶级自由化思潮和民主社会主义思潮，避免了将改革开放引向歧途。资产阶级自由化思潮在思想"自由化"的口号下，企图照搬资本主义意识形态，在政治领域搞"全盘西化"，在经济领域搞"全盘私有化""完全市场化"。民主社会主义思潮在意识形态"多元化"的旗号下，鼓吹在社会主义国家发展多元化意识形态。他们把马克思主义看成多元意识形态中的一元，否定其在意识形态领域的指导地位。这些错误思潮会误导改革，苏东国家就是前车之鉴。

五、计划与市场相结合的体制优势

中国改革的成功离不开计划与市场相结合的体制优势。计划和市场是两种资源配置的方式。所谓计划，就是按照预定的目标设计相应的行动方案，试图通过有效的组织，包括对人力、物力、财力的分配，达到最佳的经济效益和社会效益。它的优点是高效、集中，不足主要有两点，一是经济决策权过于集中，企业成为行政部门的下属单位，缺乏自主权；二是靠指令性计划配置资源，市场机制被完全排斥在外，难以产生激励，使人们丧失发展经济的积极性。所谓市场，就是在资源配置过程中，市场起决定性作用。它的优势就是发挥了市场的积极作用，充分地调动了人们的积极性，它的不足体现在市场机制只能解决市场微观平衡问题，不能解决宏观经济的平衡问题；市场机制只能反映现有的生产结构和需求结构，而不能有效反映国民经济发展的长远目标和结构；不能有效提供公共产品和服务；不能完全解决社会的公平和正义问题等，尤其是市场经济本身的逐利原则，使一些市场主体一味追求利益，将商品的质量和诚信放在一边。

计划经济和市场经济作为一种经济体制模式，表现的是一种经济活动的运行特征，是资源配置的不同方式和途径，因此它们不是区分不同社会经济性质的标杆。正如邓小平所言："计划和市场都是方法嘛。只要对发展生产力有好处，就可以利用。"[1] 他还说："计划经济不等于社会主义，资本主义也有计划；市场经济不等于资本主义，社会主义也有市场。计划和市场都是手段。"[2] 社会主义经济制度下完全可以实行市场经济这一资源配置方式和经济调节手段。从实践经验层面来讲，我国的改革开放能够一路走来正是充分总结了原有的高度集中的计划经济自身的固有缺陷，改革了不能适应现代社会生产力发展要求的计划经济体制，实行了具备更优资源配置功能的市场经济体制，极大地解放了生产力、发展了生产力，极大地提高了人民生活水平和国家的综合国力。

---

[1]　《邓小平文选》第三卷，人民出版社 1993 年版，第 203 页。

[2]　《邓小平文选》第三卷，人民出版社 1993 年版，第 373 页。

　　我国建立社会主义市场经济体制就是把计划和市场这两种手段结合起来，发挥计划机制和市场机制两个优越性，充分调动各方面的积极性，激发全社会的创造活力。但是，我国市场经济体制并不是对西方发达国家市场模式的简单拷贝，而是充分考虑我国国情和中国特色社会主义的制度属性后形成完善的。计划与市场相结合是中国社会发展的必然要求。当代社会科技快速发展，知识更新很快，分工不断加速，产品琳琅满目，只有让市场在资源配置中起决定性作用，才能与经济发展的潮流同步；同时，只有让政府更好地发挥作用，才能有效避免市场机制失灵。

　　计划与经济相结合，有利于经济社会持续健康发展。市场经济体系越完善，越要强调计划和市场的统一，那种认为市场的完善就是计划的退出的观点是完全错误的。现代经济存在各种不确定性，风险增加，市场机制没有根除风险的功能，放任市场是不可取的，风险和代价都是不可控的，例如美国金融危机就是对资本主义完全放任市场的一次否定；同样，放弃计划也是不可取的，否则市场经济固有的自发性、盲目性和滞后性就会被放大。社会主义市场经济是将计划与市场有机结合，发挥两者的优势，回避两者的不足，可以有效扭转经济运行过程中的偏向问题，有利于经济社会的可持续发展。

　　计划与市场相结合，有利于化解效率与公平的矛盾，既能充分发挥市场机制的作用，又能够最大限度地实现社会公平，有利于全体人民共享改革成果，逐步实现共同富裕。效率与公平是矛盾统一体，统一于适当的社会利益差距。有差距才有效率，但差距又必须保持在一定限度。差距太小，效率低，动力不足，社会不能有效发展；而差距太大，有失公平，矛盾突出，社会同样难以发展。因此，社会主义与市场经济结合，既能够迅速发挥市场在资源配置方面的效率优势，推动生产力发展，又能够以社会主义的制度优势矫正市场机制唯效率目标所产生的各种问题，实现二者的优势互补，实现公平与效率的统一。

六、政局稳定的环境优势

中国在过去的 40 年里之所以发展很快，其中很重要的一条经验就是政局稳定。政局稳定对一个国家来说非常重要。只有政局稳定，国家才能正常运转，经济社会才能发展进步，老百姓才能过上安定幸福的生活。稳定是社会上一种相对平衡、均衡协调的运动状态。稳定是指政治稳定、经济稳定、人心稳定等。要想改革开放，稳定是基本条件，其中政治稳定是前提。当然，这里的稳定绝不是指死水一潭，毫无生机。

早在 20 世纪 80 年代初，邓小平就多次提出必须保持"国内安定团结的政治局面"。1987 年 3 月 8 日，邓小平在接见外宾时曾指出，保持"国内安定团结的政治局面"，"有领导有秩序地进行社会主义建设"，是实现"三步走发展战略"的重要条件之一。1989年 2 月，邓小平在会见美国总统布什时指出："中国的问题，压倒一切的是需要稳定。没有稳定的环境，什么都搞不成，已经取得的成果也会失掉。"①党的十一届三中全会以来，中国共产党深刻总结

---

① 《邓小平文选》第三卷，人民出版社 1993 年版，第 284 页。

历史经验和教训，采取了一系列的措施稳定经济、稳定政局、稳定社会，将一个曾经"以阶级斗争为纲"的中国转变到集中力量发展社会生产力的正确轨道上来。今天的中国，百业兴旺，欣欣向荣，可以说，这都与政局稳定分不开。

党的十五大报告指出："在社会主义初级阶段，正确处理改革、发展同稳定的关系，保持稳定的政治环境和社会秩序，具有极端重要的意义。"发展是目的，是硬道理。发展首先是经济发展，也包括政治和文化诸方面的全面进步。改革是动力，是进一步解放和发展生产力，是社会主义制度的自我完善和发展。稳定是前提，是改革发展必备的政治条件。没有稳定，就根本谈不上什么发展和改革，试想一个动荡不安、兵荒马乱的国家，人民会有心思去谋发展、搞改革吗？稳定包括路线和方针的稳定，这就是国家政治的稳定。作为上层建筑，政治的稳定不仅有利于国家政局和党的政权，而且还有利于经济文化的发展和稳定。解决中国问题的希望，关键是靠改革和发展，靠稳定的政治环境，离开国家的稳定就谈不上改革和发展，更无法提升人民的物质文化生活水平。

政局稳定是改革开放的重要保障，没有政局稳定就没有改革开放的可能性。邓小平指出："中国一定要坚持改革开放，这是解决中国问题的希望，但是要改革，就一定要有稳定的政治环境。"[1]改革开放是一场深刻的革命。它是要调整生产关系不适应生产力发展的某些方面和环节，调整上层建筑不适应经济基础的某些方面和环节，其实质是社会主义制度的自我完善，它是一种自上而下的有

---

[1] 《邓小平文选》第三卷，人民出版社1993年版，第284页。

机结合过程。因此"自我完善"本身就意味着要在稳定的政局下进行。与此同时，改革是全面而系统的，涉及方方面面、各条战线、各个地区、各个部门、各个单位，它要求破除一切阻碍体制机制的弊端、阻碍发展活力的因素，是一项庞大、复杂、艰巨的系统工程。没有稳定、没有纪律、没有秩序，自然是不行的。我们必须有秩序的进行改革。"所谓有秩序，就是既大胆又慎重，要及时总结经验，稳步前进。如果没有秩序，遇到这样那样的干扰，把我们的精力都消耗在那上面，改革就搞不成了。"①改革需要稳定，同样开放也需要稳定。只有在政局稳定的前提下，才能广泛地吸引外资来华投资，吸引国外的企业来华办厂，吸收国外的先进技术和管理经验，吸引国外优秀人才流向中国。

七、政治协商的民主优势

社会主义协商民主是中国共产党和中国人民的伟大创造。习近平总书记指出，"协商民主是中国社会主义民主政治中独特的、独有的、独到的民主形式"，②社会主义协商民主的创造权、发明权归属于中国。1949 年 9 月，中国人民政治协商会议第一届全体会议通过了《中国人民政治协商会议共同纲领》《中国人民政治协商会议组织法》，标志着中国共产党领导的多党合作和政治协商制度正

---

① 《邓小平文选》第三卷，人民出版社 1993 年版，第 199 页。
② 习近平：《在庆祝中国人民政治协商会议成立 65 周年大会上的讲话》，人民出版社 2014 年版，第 15 页。

式确立。六十多年来，政治协商制度与国家、与时代同步发展，汇聚广泛正能量，画好最大同心圆，为社会主义现代化事业作出了重大贡献，是我们改革开放能够取得成功的一条重要经验。

有事好商量，众人的事情由众人商量。习近平指出，"在中国社会主义制度下，有事好商量，众人的事情由众人商量，找到全社会意愿和要求的最大公约数，是人民民主的真谛，"[1]也是社会主义协商民主的真谛。社会主义协商民主是人民民主的重要形式，具有西式民主不具备的独特优势，习近平总书记概括为五个"有效克服"。

协商民主可以"有效克服党派和利益集团为自己的利益相互竞争甚至相互倾轧的弊端"。[2]在西方，政党和利益集团门派林立，往往面和心不和，要么沆瀣一气、相互勾结，要么相互掣肘、排挤倾轧。中国是具有深厚集体主义文化传统的国家，在协商民主的平台下，在中国共产党统一领导下，通过多种形式的协商，广泛听取意见和建议，广泛接受批评和监督，广泛达成决策共识，有效避免了党争纷沓、相互倾轧的现象。

协商民主可以"有效克服不同政治力量为了维护和争取自己的利益固执己见、排斥异己的弊端"。[3]在西式民主下，各派政治力量为一己之私利、图一时之输赢，奉行"零和博弈"的斗争策略，

---

[1] 习近平：《在庆祝中国人民政治协商会议成立65周年大会上的讲话》，人民出版社2014年版，第13页。
[2] 习近平：《在庆祝中国人民政治协商会议成立65周年大会上的讲话》，人民出版社2014年版，第17页。
[3] 习近平：《在庆祝中国人民政治协商会议成立65周年大会上的讲话》，人民出版社2014年版，第17—18页。

缺乏协商办事、合作共事、妥协谋事的规则意识，导致符合国家长远利益和人民根本利益的主张难以进入决策程序，难以形成国家意志和公共政策。在中国，中国共产党除了捍卫国家和人民的利益，没有自己特殊的利益追求。中国的一切理论和路线方针政策，一切工作部署和安排，都是为了人民的利益。在这样的格局下，各种利益诉求能够畅通表达，利益共识和决策共识比较容易达成，避免了"大鱼吃小鱼"的困境。

协商民主可以"有效克服决策中情况不明、自以为是的弊端"。[1] 在西方，执政党的责任在于"建构"，而反对党的义务在于"反对"；一方是选择性的建构，另一方是无条件的反对。在上台下台的交替轮回中，在执政在野的议会大战中，双双沉沦于受虐和施虐的快感之中，而全然不顾事物的本来面目，这是西方政治生态的缩影。社会主义协商民主的要义在于协商，协商本身就是一个信息共享、意见互通的过程，就是一个避免自以为是、自不量力的过程，就是一个发现错误、纠正错误的过程。

协商民主可以"有效克服人民群众在国家政治生活和社会治理中无法表达、难以参与的弊端"。[2] 西式民主的一个突出弊端就是人民形式上有权、实际上无权。西方将民主简化为选举，将选举简化为投票，"人民只有在投票时被唤醒、投票后就进入休眠期"。[3]

[1] 习近平：《在庆祝中国人民政治协商会议成立65周年大会上的讲话》，人民出版社2014年版，第18页。
[2] 习近平：《在庆祝中国人民政治协商会议成立65周年大会上的讲话》，人民出版社2014年版，第18页。
[3] 习近平：《在庆祝中国人民政治协商会议成立65周年大会上的讲话》，人民出版社2014年版，第14页。

西式民主无法解决在投票之后或非选举期间人民如何行使权利的问题，无法解决政党在选举时漫天许诺、选举后无人过问的问题。然而，中国共产党保证和支持人民当家做主则不是一句口号、不是一句空话，社会主义协商民主充分发掘了各种参与渠道的潜力，形成人民群众参与各层次管理和治理的机制，保证人民依法有效行使管理国家事务、管理经济和文化事业、管理社会事务的权力，有效避免了人民形式上有权、实际上无权的现象。

协商民主可以"有效克服各项政策和工作共识不高、无以落实的弊端"。① 政策和工作的落实与否关键在人民群众接不接受、认不认可。协商的过程就是提升共识和认可度的过程，也是督促工作、落实工作的过程。众所周知，议而不决、效率低下与事不关己、政治冷漠是西式民主的通病，这已成为西方国家无法摆脱的民主陷阱。社会主义协商民主则消除了人民群众的政治冷漠，调动了人民群众参政议政的积极性，广泛凝聚起全社会的智慧和力量，形成推进改革发展的强大合力，有效避免了相互掣肘、内耗严重的现象。

中国是一个大国，尚处于社会转型、改革攻坚的关键时期，利益分化愈发多元，各方面矛盾纠纷日益增多。一项决策，尤其是关乎国运民生的重大决策，从形成到落实，需要经历广阔的时空跨度，需要穿越复杂的纵深结构。为了保证决策的科学性、合理性、有效性，协商必须覆盖决策的全过程，协商于决策之前和决策之中。

---

① 习近平：《在庆祝中国人民政治协商会议成立 65 周年大会上的讲话》，人民出版社 2014 年版，第 18 页。

　　邓小平曾经说过："我们评价一个国家的政治体制、政治结构和政策是否正确，关键看三条：第一是看国家的政局是否稳定；第二是看能否增进人民的团结，改善人民的生活；第三是看生产力能否得到持续发展。"①改革开放以来，中国经济实力、综合国力、人民生活水平不断跨上新台阶，我们不断战胜前进道路上各种世所罕见的艰难险阻，中国各民族长期共同团结奋斗、共同繁荣发展，中国社会长期保持和谐稳定，关键就在于社会主义的制度优势充分发挥。绕开了社会主义的制度因素，绕开了中国共产党的政党因素，绕开了马克思主义的思想因素，就无法理解中国的改革开放事业，更不可能破译中国改革的成功密码。

---

① 《邓小平文选》第三卷，人民出版社 1993 年版，第 213 页。

第三章 中国共产党的治理优势

——改革成功的政治保证

中国改革的成功，不能忽略中国特色的治党体制和社会治理模式。从治理模式和执政能力来看，中国共产党优于西方国家任何政党，中国特色的政党制度和治理模式具有鲜明的比较优势。

相对于三权分立、多党竞选、轮流坐庄的西方政治模式，坚持党的领导、人民当家做主、依法治国的有机统一，实行人民代表大会制度、中国共产党领导的多党合作和政治协商制度、民族区域自治制度及基层群众自治制度，构成了中国政治制度和治理模式的突出特色。中国特色的政治制度彰显了以下几个方面的治理优势。

一、社会整合的能力

一党主导、多党合作的政党模式可以有效整合社会资源，集中力量办大事，克服不同党派和利益集团相互倾轧和掣肘的弊端，避免为反对而反对的"极化"政治和"否决政体"。

中国能办大事，也办成了许多别国办不了的大事。成功的秘诀之一是我国社会主义制度具有集中力量办大事的政治优势。邓小平同志指出："社会主义同资本主义比较，它的优越性就在于能做到全国一盘棋，集中力量，保证重点。"①习近平总书记指出："我们最大的优势是我国社会主义制度能够集中力量办大事。这是我们成就事业的重要法宝。"②随着中华民族复兴大业的不断推进，集中力量办大事的优势仍然大有用武之地。在一些关系国计民生的重要领域、关键行业、重大工程上，仅仅依靠某一地区或部门的力量是难以办到的，必须举全国之力才能推进。这样的例子有很多，例如"两弹一星"工程，就是中央在政治环境异常严峻、经济条件异常艰苦的条件下，举全国全民之力集中力量办大事的历史丰碑。邓小平同志曾经指出："如果六十年代以来中国没有原子弹、氢弹，没有发射卫星，中国就不能叫有重要影响的大国，就没有现在这样的国际地位。这些东西反映一个民族的能力，也是一个民族、一个国家兴旺发达的标志。"③改革开放以来，我国又利用社会主义集中力量办大事这一优势，先后建成了三峡工程、高铁、西气东输、西电东送以及世界上最大的电信网络等举世瞩目的建设项目；完成了"神舟号""天宫号""天河号""蛟龙号""量子通讯"等高科技项目；战胜了洪水、"非典"疫情、大地震一系列重大自然灾害。习近平指出："每个人的力量是有限的，但只要我们万众一心，众志成城，

---

① 《邓小平文选》第三卷，人民出版社 1993 年版，第 16—17 页。

② 习近平：《为建设世界科技强国而奋斗：在全国科技创新大会、两院院士大会、中国科协第九次全国代表大会上的讲话》，人民出版社 2016 年版，第 14 页。

③ 《邓小平文选》第三卷，人民出版社 1993 年版，第 279 页。

就没有克服不了的困难。"①

反观西方，西方政党制度无法有效整合全社会的力量，要么陷入多数人的暴政，要么陷入少数人的暴政。

"多数人暴政"是由于西式民主体制的基因缺陷所致。所谓"多数人暴政"，根据法国学者托克维尔在《论美国的民主》中的定义，乃是指以多数人名义行使的无限权力。西方将民主简化为选举，而"少数服从多数"的选举原则衍生出来的副产品就是"多数人暴政"。尚不论"真理有时往往掌握在少数人手中"，即使少数人不掌握真理，难道就应该沦为被忽略的、被牺牲的那一部分吗？"美国宪法之父"麦迪逊在《联邦党人》第五十一篇中说，"虽然独立战争击败了来自英国的暴政，但独立而民主的美国社会却存在着多数人暴政的可能性"。德国的纳粹大屠杀、美国的黑人歧视，以及弥漫整个世界的种族和性别歧视，这些都是资本主义民主暴政抹不去的记忆。今天，西方民主在发展，"多数人的暴政"却依然根深蒂固，只不过其形式变得越发隐蔽了。

"少数人暴政"是多数人暴政泛滥所带来的附属产物。西式民主将"少数服从多数"这一原则简单化、绝对化，导致多数人可以天经地义地凌驾于少数人之上，少数人为了自己的正当利益甚至是非正当利益，以民主的名义践踏民主，这就是少数人暴政。比如在一些国家和地区，少数人打着民主的旗号瘫痪政府、瘫痪社会，乃至颠覆整个社会体制，而"多数"则往往选择沉默，甚至还在一旁"偷着乐"。还有一种形式则隐藏得更深，可以以前些年热播的

---

① 《习近平谈治国理政》，外文出版社 2014 年版，第 5 页。

美剧《纸牌屋》为例。抛却其中浮夸的戏剧元素，其无疑真实映射了美国社会一种另类的少数人暴政——党鞭们所演绎的"温柔的"、兵不血刃的暴政，他们借用自由民主投机取巧，排斥异己，影响甚至颠覆国家的权力设置和正常运行。他们用贫穷、战争、物欲、消费、娱乐、价值观愚化了多数人，左右了多数人。

进入 21 世纪，西方政党制度越来越走向否决政体、极化政治，反对党为反对而反对，相互倾轧掣肘，很难整合全社会的力量，无法就关乎长远的问题作出安排，关乎长远的改革步履维艰。福山认为，美国"极化"政治成了主流，"否决政治"盛行。比如，特朗普上任以来，奥巴马所有载入史册的政治遗产都被特朗普废掉了。奥巴马的《医改法案》将 5000 万没有医保的人纳入进来，被特朗普废了；奥巴马签署的《古巴协定》改写了美国五十多年的美古外交关系史，被特朗普废了；奥巴马签署的《巴黎气候协定》载入世界历史的史册，特朗普退出了；奥巴马政府签署的《伊核协议》，特朗普退出了；特朗普还退出了联合国教科文组织。如果一个国家政党完全沦为不同社会阶层操弄的工具，那整合全社会力量就几乎不可能了。

二、战略规划的定力

中国政治制度的优势之一在于可以制定长远发展规划，保持大政方针政策的稳定性、连续性，使今天的事业与明天的事业相衔接，当前的利益同长远的利益相结合，局部的利益同整体的利益相一致，而不受政党更替的影响。这在那些"走马灯"式地换政党的国家是根本做不到的。

中华民族复兴事业之所以走得快、走得稳，改革开放事业之所以取得前所未有的巨大成功，与中国共产党人一届接着一届干，一代接着一代干，一张蓝图绘到底是分不开的。新中国成立以来，五年规划、十年中长期规划未曾中断，迄今已经出台十三个五年计划；邓小平同志提出的"三步走"战略管70年，江泽民同志提出的"小三步走"战略管50年，习近平总书记提出的"两步走"战略安排管33年；社会主义初级阶段"基本路线"管100年，"基本方略"至少管30年，"一国两制"管50年，这就是战略定力。习近平总书记还说，"科学社会主义基本原则不能丢，丢了就不是社会主义"，[1] 这个东西管多少年，无限期有效，这在西方都是无法想象的。

反观西方，囿于当下和眼前的利益，缺乏长远的战略眼光，这是西方政党体制的一大软肋和硬伤。

"浮于当下"即目标短视、利益短视。在西方，政党恶斗，只顾眼前利益不顾长远利益，只注重任期目标忽视战略目标，这早已不是什么秘密。政党、政客为了选票竞相讨好选民，选票成为政党的指挥棒，政党围着选票转。比如，美国早已成为政治僵局的代名词，政党利益高于一切，国家痴迷于党派之争。美国的"高铁梦"就是政党纷争的牺牲品。1965年，美国出台《高速地面运输法》，这成为美国高铁梦正式出炉的标志。奥巴马政府2009年上

---

① 《习近平谈治国理政》，外文出版社2014年版，第22页。

台后即制定了雄心勃勃的高铁规划，可直至奥巴马卸任也没有一条高铁通车，沦为世界笑话，这一切皆是因为政治。2011 年 2 月，副总统拜登宣布了一项耗资 530 亿美元的高铁计划，但是，2011 年共和党控制众议院后，却拒绝为这项计划买单。美国联邦政府早在 2009 年就给相关州拨付了 110 亿美元的高铁建设启动经费，但 2010 年来自共和党的佛罗里达州新州长上任后立即否决了该州的高铁建设计划，并把 24 亿美元拨款退回联邦政府。随后，同为共和党的俄亥俄州州长和威斯康星州州长也相继取消了高铁项目，退回了联邦政府划拨的资金。如今，奥巴马的"高铁梦"早已破碎，毕竟在一个"政党纷争"时代，即使奥巴马也心有余而力不足。新华社一位从事国际报道工作四十多年的资深记者说道，美国的民主中缺少一个能代表最广大人民根本利益、长远利益的政治权威，所以，美国要搞点改革，比中国难多了。难怪时任美国国防部长的利昂·帕内塔 2013 年 2 月 13 日就议会的恶斗愤怒地对记者说："我过去总感觉，国会领袖以及无论哪位总统，当涉及这个国家面临的重大问题时，都愿意合力解决那些问题。总是有一些界线，……我认为，眼下的状况太卑鄙了。"又比如，印度是世界上最早提出人口控制政策的国家，早在 1951 年就起草了"全国计划生育规划"，先于中国 30 年，可由于广大选民的强烈反对，没有一个政党敢碰这个"烫手山芋"。其结果就是印度人口在短短 40 年间成倍递增，严重影响了国家的整体利益和发展潜力。

西方政党体制在"选票"的催发作用下一个劲地奔驰向前，无暇高瞻远瞩，谁能赢得当下就能赢得未来，谁能赢得选票就能赢得当下。资本主义社会是"铁打的民主，流水的官"，党派轮流执政，权力轮流执掌，各路豪杰轮番登场又轮流谢幕，大政方针和战略思路难免改弦更张、前后不续。为了下一轮选票，唯有在任期之内建功立业，"赢得生前身后名"；唯有从当下入手，着眼于触手可及的目标和利益；唯有寅吃卯粮，不惜举债填充当下人的胃口。冰岛破产！希腊破产！爱尔兰破产！欧债危机！美国、英国、法国、日本、西班牙、葡萄牙、意大利等西方国家债台高筑，债务高达GDP的50%甚至200%！政客们想要说服选民接受财政紧缩，却又害怕被选民抛弃。民主被迫至此，难道这就是西方政党模式普世的地方吗？

　　在西方，多党竞选、轮流执政的制度设计以及只顾当前、急功近利的选票导向，决定了西方难以出台中、长期战略规划。邓小平曾调侃美国："美国把它的制度吹得那么好，可是总统竞选时一个说法，刚上任一个说法，中期选举一个说法，临近下一届大选又是一个说法。美国还说我们的政策不稳定，同美国比起来，我们的政策稳定得多。"①中国是一届接着一届干，一张蓝图绘到底；而西方是一届隔着一届干，一届对着一届干。2012 年，英国《金融时报》曾进行过一次"全球著名企业 CEO 眼中最称职、最可靠的组织是什么"的调查，结果显示，在这些 CEO 看来，自己的能力是第一位，中央银行处在第二位，"中国共产党"居第三位，得票率为 64%，远高于美国总统（33%）和美国国会（5%）。他们的理由是，中国政府在制定政策时总是着眼长远，而"美国的问题在于政策都是短期的，没有人知道接下来会发生什么"。今天，很多人都

---

① 《邓小平文选》第三卷，人民出版社 1993 年版，第 31 页。

在探寻中国崛起的奥秘，或许这就是中国奇迹的制度根源。

三、决策执行的效率

中国共产党崇尚实干兴邦，拿事实来说话，对出现的挑战及时反应，对认准的事情有序推进，对攸关长远的事情"一届接着一届干"，这在那些擅长掣肘、内耗，为反对而反对的西方议会制度和政党体制下是不可想象的。

崇尚实干，不尚空谈，是马克思主义政党的重要特征。实践观点是马克思主义哲学首要的基本的观点。马克思曾批判道，哲学家们只是解释世界，问题在于改变世界。社会生活在本质上是实践的，社会主义是干出来的，世界上的事情都是干出来的，不干，半点马克思主义都没有。我们党历来强调实干，不争论，不折腾，拿事实来说话。邓小平同志指出："社会主义国家有个最大的优越性，就是干一件事情，一下决心，一作出决议，就立即执行，不受牵扯。……没有那么多相互牵扯，议而不决，决而不行。就这个范围来说，我们的效率是高的。"① 习近平总书记在谈到民族复兴时，强调"空谈误国，实干兴邦"；② 在谈到"中国梦"时，强调"幸福不会从天而降，梦想不会自动成真"③；在谈到改革方案时，强调"一分部署，九分落实"④；在谈到扶贫工作时，强调"脱贫攻坚要实打

---

① 《邓小平文选》第三卷，人民出版社 1993 年版，第 240 页。
② 《习近平谈治国理政》，外文出版社 2014 年版，第 36 页。
③ 《习近平谈治国理政》，外文出版社 2014 年版，第 44 页。
④ 《习近平谈治国理政》第二卷，外文出版社 2017 年版，第 261 页。

实干"①；在谈到国家发展成就时，强调"幸福都是奋斗出来的"②；
习近平总书记还号召全国人民，"大家撸起袖子加油干"，③ 走好我
们这一代人的长征路。这些论述都是对马克思主义政党实践品格的
最好阐释。

效率低下是西式政党模式无法摆脱的梦魇。由于制度设计的结
构性缺陷，西方政治制度已经"从一种旨在防止当政者集中过多
权力的制度变成一个谁也无法集中足够权力作出重要决定的制度"
（托马斯·弗里德曼语）。本来，人们"成立政府是为了发挥作用和
作出决断"（福山语），而现在，由于国会制衡权力的扩大，政治
分歧的加剧，特殊利益集团影响力的上升，导致国家的权力碎片
化，朝野政党尖锐对立，体制改革举步维艰，议会立法议而不决，
政府施政效率低下，甚至出现议会会期停摆、政府关门歇业的尴尬
局面。美国前财长萨默斯对此深有体会，长期以来，美国都以民主
典范自居，可"如今在美国，人们对民主制度的基本功能普遍感到
担忧"，"任何人，只要在华盛顿政界工作过，都有充足的机会体
会巨大的挫折感。在美国政界，几乎每个人都感到，有很多事非做
不可，但在当前的环境下却又做不成"。美国普林斯顿大学教授保
罗·克鲁格曼则断言："只要我们是一个否决政体而非民主政体，我
们就不可能是伟大国家。"《华盛顿邮报》评论员威尔曾在一篇文章
中写了一段有趣的对比：美国在大萧条时代花了 410 天建起帝国大
厦，在战时花 16 个月建造了五角大楼，如今在圣迭戈造一座海水

---

① 《习近平谈治国理政》第二卷，外文出版社 2017 年版，第 92 页。
② 《习近平主席新年贺词》（2014—2018），人民出版社 2018 年版，第 3 页。
③ 《习近平主席新年贺词》（2014—2018），人民出版社 2018 年版，第 9 页。

淡化厂都需要花 9 年时间才能通过审批。特朗普制定雄心勃勃的基础设施建设计划，在 2018 年 1 月 31 日的国情咨文演讲中，特朗普称："美国曾是建筑者的国度，曾在一年内建起了帝国大厦，但如今一条公路获批需要耗时十年，这难道不是耻辱？"他还说："我要求民主党与共和党共同合作，给我们一个安全、快速、可靠、现代化的基础设施，这是美国经济所需，也是美国人民所需。"然而，特朗普能否成为美国的"基建总统"，能否实现 21 世纪的美国梦，让人们拭目以待。

西方政治模式之所以效率低下，源于分散多核的权力中心、个人主义的价值观、模糊的公共利益界限。在政治活动中，利益集团之间要角力争雄，议员之间要编排"舌尖上的民主"，执政党与在野党之间要互相诋毁掣肘，总统和议会之间要斗智斗勇，选民有事没事出来折腾。似乎不反对不扯皮就显示不出"民主"的存在，似乎"低效"是民主必须付出的代价。相反，政党和议会紧密配合，政府和百姓同心同德，中央和地方上下一心，这与现代"民主"似乎格格不入，"高效"已经沦为威权统治的潜台词。然而，以权力制衡和保障个人自由作为"低效民主"的挡箭牌，未免太过牵强附会。比如，西方学者总是将印度糟糕的基础设施归因于民主体制，而将中国的高速公路、高速铁路和漂亮的机场归因于威权体制。其实，中印之间的反差根源在于制度——制度的优越性和体制的正当性。美国布鲁金斯研究院研究员、克林顿政府国家安全委员会亚洲事务助理李侃如在谈及印度的"制度成本"时说："印度政府从来都有一个雄心勃勃的计划，但只是'Paper Plan'，从来没有变成'Real Plan'。一项基础设施必须要与不同的利益集团讨价还价，谈项目要好几年，干项目又要好几年。"印度计划委员会一位高级顾问曾说，印度早在 20 世纪 60 年代就开始搞"经济特区"，而成功的却是中国。印度一位驻华大使回国后发现，三年前就动工的一座立交桥还没有修完，而北京在三年内不知修了多少立交桥。当然，我们大可以认为这些屡见不鲜的现象并非资本主义民主的初衷，然而值得深思的是，为何这些现象屡禁不止？

我们无意为强调效率而否定民主，但问题在于：民主与效率，为什么在资本主义社会就那么难以两全呢？难道二者就真的不可兼得吗？

四、选贤任能的制度

中国共产党执政团队的培养选拔机制也有突出的优势，比如国家领导层有序更替，注重基层经验和多层级历练，不受财团的牵制、民粹的裹挟、演技的忽悠，可以避免选出富豪代言人、民粹领导人或平庸政客。

中国各层级领导团队的选拔有一套严密的规则，综合考虑各方面因素。比如，台阶很重要，一个台阶一个台阶上，火箭式提拔在今天的中国不可能出现；历练很重要，重要领导岗位人选一般都需要在两三个下级岗位上经受锻炼；政绩很重要，是不是做出了实实在在的业绩，得到各方面的认可；口碑很重要，群众认不认可、满不满意是选拔干部的重要参考；能力很重要，拟提拔任用的干部是不是具有驾驭一方的工作能力；程序很重要，是不是按程序、按规定操作，有没有走民主程序，有没有经过集体讨论决策。中国这一套制度安排，目的就是要将最合适的人选拔到相应的岗位上。

"辨材须待七年期"，经过这样层层考核选出来的干部，特别是高级领导干部，绝大多数都具有高度的政治忠诚、坚定的理想信念，都有在中国社会各领域主持工作的丰富阅历与经验，都取得突出政绩赢得了人民的拥护，成为推动中国经济社会持续快速发展的关键领导力量。中国的政治实践充分证明：具有中国特色的选贤任能用人制度是富有成效的，它确保了所选出来的干部始终全心全意为人民服务，而不是为选票服务；确保了所选出来的干部是开拓创新的"实干家"，而不是只凭口舌博取选票的"演说家"；确保了所选出来的干部能真正落实各项方针政策、为人民谋求福利，而不是只开空头支票、无法兑现对选民的承诺。

反观西方领导人的选拔，执政经验和执政能力可能是次要的，政绩是次要的，台阶是次要的，而演说能力、游说能力、外表形象、金钱实力、营销策略等却反次为主，成为决定选举胜负的主要因素。西方将民主选举变成了游戏，选民以娱乐的心态对待民主。西式民主在游戏中沉沦，选民在娱乐中迷茫。在这场游戏中，赢的永远是政客，输的始终是选民。

"游戏民主"的基本玩法：民主被简化为竞选程序，竞选程序又被简化为政治营销，政治营销又被等同于拼资源、拼公关、拼谋略、拼形象、拼演艺表演。口才好胜于能力好，好脸蛋胜于好才干！一句话，选民和政客都在"闹着玩儿"。比如2013年，四分之一的意大利选民支持贝佩·格里洛——一位喜剧演员。日本前首相野田佳彦公开说"在现有政治家中，我是街头演说做得最好的"。

台湾政治评论家李敖先生曾调侃道，台湾领导人 XXX"用一张好脸蛋骗了台湾 47% 的妇女票"，恐怕并非空穴来风。

"民主游戏"的基本特征："刺激"。在这场游戏中，选民玩的是刺激，政客玩的是心跳。为了吸引更多人来玩，政治家费尽心机，一味邀宠于选民。在选举中，激进的声音、批判的声音、猎奇的声音、破坏性的声音容易吸引选民，而温和的声音、理性的声音、折中的声音、建设性的声音却得不到肯定；中规中矩、一板一眼的选举无人关注，互相缠斗、相互揭老底的厮杀却引人入胜。比如 2010 年，冰岛的"最佳党"承诺将公然腐败，却赢得足够选票，成功走进雷克雅未克市议会。我们时常发现，承诺和平共处不如承诺该出手时就出手，承诺发展经济不如承诺加薪，承诺与邻为善不如承诺参拜靖国神社。我们还发现，"作秀"和"煽情"成为政治家的基本素质，"奇闻轶事"和"花边新闻"成为克敌制胜的法宝，擅长甜言蜜语的政客往往能够渔翁得利。

"游戏民主"的重大缺陷：好玩但不经玩。"民主游戏"往往缺乏"保鲜期"，"投与不投一个样，投你投他一个样"，在激情过后，饱含着选民对民主的审美疲劳和占有的乏味，其中还夹杂着对不断重复的现实的失望，这些足以解释为什么西方国家选民投票率普遍偏低，为什么大量选民"偏偏有权不用，等着过期作废"。一项针对 49 个"民主国家"的研究显示，选民数量从 1980—1984 年至 2007—2013 年间下降了 10 个百分点。他们渴望民主却又厌倦民主，他们依赖民主却又反抗民主，他们被民主绑架，为民主所奴役，玩"民主"而丧志。

我们或许可以说，西方想要的并不是民主，而是"民主"这一标签本身。民主被赋予了"文明、进步、自由、人道"等丰富内涵，政客们"言必称民主"，仿佛不如此就不足以占领道义的制高点。任何国家、任何政治人物，只要贴上了"民主"的标签，他们就掌握了至高无上的道义力量和话语霸权，就握有了国际社会的通行证，就可以趾高气昂地行走在列国之间，就拥有了对其他国家说三道四的资格，就可以以"民主"为界党同伐异，而至于"民主"的真谛——人民主权——早已被抛到九霄云外了。

五、自我净化的机制

历史总是循着曲折的道路，奔向理想的彼岸。一帆风顺是理想，曲折前行是必然。一个政党是否伟大不取决于在顺境中轻装上路、阔步前行，而取决于在逆境中能否逆势前行，在绝境中能否绝地重生，在风雨中能否风雨兼程，在谷底能否向着远方的目标坚定前行。中国共产党干的是一项崭新的事业，马克思没有讲过，我们的前人没有做过，其他社会主义国家没有干过，没有现成的经验可学。我们只能在实践中摸索，不犯错误是良好愿望，有错误是客观事实，关键在于如何少犯错误，如何避免犯颠覆性的错误，如何对待自己的错误，是否有能力修正自己的错误。

九十多年来，中国共产党书写了世界政党史和国际共运史上最辉煌的篇章，锻造了世界上最强大的政党；但曾经也因为右的错误、"左"的错误，一次次站在了生死存亡的悬崖边上。比如，"大跃进"和人民公社化运动造成国民经济比例严重失调，国家和人民遭到重大损失;"文化大革命"使国民经济到了崩溃边缘,给党、国家、人民带来严重灾难,等等。但是,在历史紧要关头,中国共产党之所以能够一次次力挽狂澜,一次次转危为安,就在于我们党敢于坚持真理、修正错误,始终保持自我革命、从头再来的勇气;就在于我们党始终具有极强自我纠错能力和自我修复能力,不会因为一次的跌倒而失去站立的能力,不会因为一时的错误而坠入万劫不复的深渊。习近平总书记指出:"我们党为什么能够在现代中国各种政治力量的反复较量中脱颖而出?为什么能够始终走在时代前列、成为中国人民和中华民族的主心骨?根本原因在于我们党始终保持了自我革命精神,保持了承认并改正错误的勇气,一次次拿起手术刀来革除自身的病症,一次次靠自己解决了自身问题。"①世界上没有不犯错误的党。中国共产党的伟大不在于不犯错误,而在于从不讳疾忌医,不掩饰缺点、不回避问题、不文过饰非,有缺点克服缺点,有问题解决问题,有错误承认并纠正错误。这是中国共产党从胜利走向胜利的重要秘籍。

党的十八大以来,我们党持续推进自我革命,以自我革命带动社会革命,我国经济总量稳居世界第二位,中国特色社会主义民主政治不断发展,脱贫攻坚取得决定性进展,生态文明建设成效显著,我国国际影响力不断增强,党和国家事业取得全方位、开创性的成就,发生深层次、根本性的变革。究其原因,就在于党在自我革命中实现了浴火重生。在十九大开幕后第二天的新闻发布会上,中纪委副书记杨晓渡给出的数字是:十八大以来的五年,我们立案

---

① 《党必须发扬自我革命精神》,《人民日报》2017年2月16日。

审查中管干部 440 人，超过中管干部总数的 10%；审查十八届中央委员、候补中央委员 43 人，也超过总数的 10%；开除十八届中委、候补中委超过 35 人，也接近 10%。没有对比就没有伤害，1945—2012 年的 67 年间，中央开除的中央委员 27 人，候补中央委员 8 人，共计 35 人。可见，自我净化、自我革命是中国共产党的生存法则。实践充分证明，以习近平同志为核心的党中央站在党和国家事业全局的战略高度，以猛药去疴、重典治乱的决心，以刮骨疗毒、壮士断腕的勇气，以"得罪千百人，不负十三亿"的担当全面从严治党，使党在革命性锻造中焕发出强大生机活力，为新时代中国特色社会主义这场伟大社会革命的推进提供了坚强政治保证，为推动改革开放取得新的更大胜利奠定了坚实政治基础。

六、国际交往的韬略

40 年来，中国改革开放事业取得巨大成功，与总体有利的国际环境是分不开的，与中国共产党的国际交往韬略是分不开的。

国内外历史经验证明，国家的发展需要有良好的国内外环境，需要尊重国际社会发展的普遍规律。逆世界历史潮流而动，最终只会饮下自己酿造的苦酒。

西方大国似乎只认识到，"国强必霸"是 500 年来始终不变的历史旋律。回顾近代史，16 世纪，西班牙、葡萄牙建立了海洋霸权；17 世纪，"海上马车夫"——荷兰取而代之，成为新的世界霸主；18、19 世纪是英、法两国争夺世界霸权的世纪，最后成就了"日不落帝国"；19世纪末、20世纪初，德国和日本相继崛起，试图通过战争建立新的世界霸权，直接导致了这次世界大战；20世纪是美苏争霸的世纪，也是美国完胜的世纪；21世纪头十几年，国际格局仍然是"一超主导"，霸权秩序仍然是国际社会的主导逻辑。

中国共产党则认识到，霸极必衰是逃不脱的历史法则。历史是最好的教科书。20世纪末，美国在美元、美军和美语三大支柱的支撑下，建立了第一个覆盖全球的世界性霸权，美国的霸权地位可谓"前无古人"，估计也会"后无来者"，但这决不意味着美国的霸权将会万年不朽、与日同辉。国虽大，好战必亡。今天，美国的颓势已经显现，霸权的没落不可避免。"以史为鉴，可以知兴替"。中国人何其有智慧，岂会重蹈西方霸极必衰的覆辙。改革开放之初，邓小平同志就公开宣示，"中国永远不会称霸，永远不会欺负别人"[1]；"我们反对人家对我们发号施令，我们也决不能对人家发号施令"[2]；"我们就不应该要求其他发展中国家都按照中国的模式去进行革命，更不应该要求发达的资本主义国家也采取中国的模式"。[3] 习近平总书记在十九大报告中再次向世界公开承诺："中国发展不对任何国家构成威胁。中国无论发展到什么程度，永远不称霸，永远不搞扩张。"[4] 中国共产党人历来说话是算数的，言必行，行必果。

中国共产党深谙国际环境的重要性，始终坚定奉行独立自主的

---

[1]　《邓小平文选》第三卷，人民出版社1993年版，第56页。
[2]　《邓小平文选》第二卷，人民出版社1994年版，第319页。
[3]　《邓小平文选》第二卷，人民出版社1994年版，第318页。
[4]　习近平：《决胜全面建成小康社会　夺取新时代中国特色社会主义伟大胜利——在中国共产党第十九次全国代表大会上的报告》，人民出版社2017年版，第59页。

和平外交政策。20 世纪 80 年代，邓小平就提出了"冷静观察、沉着应付、韬光养晦、有所作为"的十六字方针，构成了我国外交工作为国家战略目标服务的指导思想。所谓"冷静观察、沉着应付"，指的是面对错综复杂的国际环境及其发展变化，我们应当秉持的基本态度。所谓"韬光养晦"，是指应当从我国基本国情和国际力量对比的实际出发，首先把我国的事情办好，决不当头，现在不当头，将来强大了也永远不当头，不称霸，不谋求势力范围，不搞集团政治，不干涉别国内政。既不当霸权主义的头头，也不当第三世界的头头，过头的话不讲，过头的事不做。避免过分张扬、授人以柄、引火烧身，着重营造有利于我国集中力量进行经济建设和长期的和平国际环境。韬光养晦，绝不等于忍气吞声，更不是"软弱退让"，而是要"收敛锋芒，保存自己，徐图发展"，这是中国外交的大智慧，国际交往的大韬略。所谓"有所作为"，是指面对复杂的国际环境，特别是某些时期的严峻形势，我国外交工作应有的精神面貌和工作要求。中国绝不能因为错综复杂的环境和严峻的形势而无所作为，必须始终保持奋发有为的精神状态，为实现我国现代化建设战略目标争取有利的国际环境。

第四章　中国共产党的改革定力

——改革成功的道路保证

改革是决定当代中国命运的关键一招，是决定实现"两个一百年"奋斗目标、实现中华民族伟大复兴的关键一招，是党和人民事业大踏步赶上时代的重要法宝。邓小平同志指出："不坚持社会主义，不改革开放，不发展经济，不改善人民生活，只能是死路一条"。[①] 改革开放是当代中国最鲜明的特色，只有改革开放才能发展中国、发展社会主义、发展马克思主义，停顿和倒退没有出路。实践发展永无止境，解放思想永无止境，改革开放永远在路上。没有改革开放，就没有中国的今天，也就没有中国的明天。

一、不走封闭僵化的老路

发展社会主义，既不能走封闭僵化的老路，也不能走改旗易帜

---

① 《邓小平文选》第三卷，人民出版社 1993 年版，第 370 页。

的邪路，这是总结中国现代史、世界社会主义运动史得出的基本结论。

中国社会主义建设的历史证明，固守传统的苏联模式没有出路，走封闭僵化的老路发展不了中国，发展不了社会主义。

新中国成立后，中国共产党领导人民开始了社会主义革命和建设的伟大实践。社会主义建设初期，我们党对于什么是社会主义、怎样建设社会主义这个基本问题并没有完全搞清楚，如何建设社会主义对于中国共产党人是一个全新的课题，苏联模式是唯一可供参考借鉴的实践样板，"以俄为师"，"走俄国人的路"是当时中国领导人迫不得已的选择。但是，毕竟俄国不是中国，苏联模式不是为中国量身打造的，加之苏联模式本身并不完美，弊病丛生，我们党开始独立探索适合中国国情的社会主义建设，开始了"以苏为鉴"的实践探索。这一探索尽管取得了巨大的成绩，但也出现了脱离实际的严重失误。特别是在"文革"时期，党对社会主义的认识严重偏离了科学社会主义的基本原则，脱离了马克思主义的正确轨道，实行"以阶级斗争为纲"的错误路线，奉行"无产阶级专政下继续革命"的错误理论，中国的社会主义事业陷入前所未有的困境，国民经济到了崩溃的边缘。实践告诉我们，走封闭僵化的老路发展不了中国，发展不了社会主义。

1976 年，"文化大革命"结束，"中国向何处去"又成为摆在中国人民面前头等重要的问题。

以邓小平同志为核心的第二代中央领导集体总结党执政以来正反两方面的实践经验，紧紧抓住"什么是社会主义、怎样建设社会主义"这个基本问题，响亮提出"走自己的道路，建设有中国特色的社会主义"①的伟大号召，领导我们党在新中国成立以来革命和建设实践的基础上，成功走出了一条中国特色社会主义新道路。经过改革开放 40 年来的接力奋斗，中国大踏步赶上了时代，避免了被开除球籍的危险。中华民族迎来了从站起来到富起来、强起来的伟大飞跃，迎来了伟大复兴的光明前景。

二、不走改旗易帜的邪路

20 世纪末世界社会主义运动特别是苏东剧变的历史教训证明，与西方接轨不是社会主义的发展方向，走改旗易帜的邪路一定会葬送社会主义。

20 世纪七八十年代，几乎所有社会主义国家都遭遇了前所未有的发展困境，何去何从，成为摆在各个国家共产党人前面的一个重大难题。中苏等国几乎同时代开启了改革进程，但在举什么旗、走什么路的根本问题上，各国共产党的选择可谓大相径庭。孰是孰非，历史和实践已经给出了答案。

昔日和美国比肩并立的超级大国苏联，如今早已灰飞烟灭，国家四分五裂，经济社会发展受到严重破坏。普京上台之初的俄罗斯是一个什么样子呢？普京有一个很坦率的说明："俄罗斯正处于其数百年来最困难的一个时期。大概这是俄罗斯近 200—300 年来首次真正面临沦为世界二流国家，抑或三流国家的危险。"②美国经济

---

① 《邓小平文选》第三卷，人民出版社 1993 年版，第 3 页。
② 《普京文集》，中国社会科学出版社 2002 年版，第 16 页。

学家在《俄罗斯改革的悲剧》一书中罗列了一系列数据说：20 世纪 30 年代美国大萧条期间国内生产总值减少了 30%，第二次世界大战期间苏联国内生产总值减少了 24%，而俄罗斯自 1992 年到 1998 年期间国内生产总值下降了 44%，其中工业生产下降了 56%。20 世纪 70 年代，苏联的 GDP 达到了美国的 70%，2017 年俄罗斯的经济体量仅相当于美国的 7%，落差不可谓不大。1990 年，俄罗斯的 GDP 相当于中国的 130%，然而，时过境迁，2017 年俄罗斯的 GDP 仅仅相当于中国的八九分之一，大致相当于我国广东省、江苏省的水平。昔日的大国沦落至此，确实令人遗憾。

造成苏东剧变这种悲剧，既有历史的原因，又有现实的原因，而其直接的现实的原因则是苏联领导人背叛了马克思列宁主义，背叛了社会主义道路。正如江泽民所说："东欧剧变、苏联解体，最深刻的教训是：放弃了社会主义道路，放弃了无产阶级专政，放弃了共产党的领导地位，放弃了马克思列宁主义，结果使得已经相当严重的经济、政治、社会、民族矛盾进一步激化，最终酿成了制度剧变、国家解体的历史悲剧。"[1]

苏东的前车之覆，就是中国的后车之鉴。中国绝不能走改旗易帜、"全盘西化"的邪路，经济上绝不能搞全面私有化，政治上绝不能搞资产阶级自由化，意识形态上绝不能搞指导思想多元化，这都是关乎中国命脉的根本性问题。习近平郑重告诫全党："中国是一个大国，决不能在根本性问题上出现颠覆性错误，一旦出现就无法挽回、无法弥补。"[2] 这是我们从国际比较中得出的一个极其重要

---

① 《江泽民文选》第三卷，人民出版社 2006 年版，第 230 页。
② 习近平：《在全国党校工作会议上的讲话》，人民出版社 2016 年版，第 14 页。

的历史结论。

三、坚持社会主义市场经济的改革方向

坚持社会主义市场经济的改革方向，是历史和实践给出的答案。苏联模式的经验教训告诉我们，僵化的计划体制窒息了经济的发展活力；我国"文化大革命"的教训也告诉我们，不改革开放，只有死路一条。怎么改？一个重大的问题就是如何处理计划与市场的关系问题，核心是如何认识市场的性质、地位和作用问题。

中国共产党人对市场的认识，从社会主义改造时期就开始了。毛泽东深刻指出："商品生产，要看它是同什么经济制度相联系，同资本主义制度相联系就是资本主义的商品生产，同社会主义制度相联系就是社会主义的商品生产。"[1]邓小平在南方谈话中指出："计划经济不等于社会主义，资本主义也有计划；市场经济不等于资本主义，社会主义也有市场。计划和市场都是经济手段。"[2]市场作为经济调节的手段，不是资本主义的专利，也可以为社会主义国家所用，社会主义国家也可以搞市场经济。毛泽东特别是邓小平对市场的认识，奠定了我国社会主义市场经济改革的哲学基础。

改革开放 40 年来，中国改革一步步走向市场经济。先是提出"计划经济为主，市场调节为辅"，[3] 然后形成了有计划的商品经济

---

① 《毛泽东文集》第七卷，人民出版社 1999 年版，第 439 页。
② 《邓小平文选》第三卷，人民出版社 1993 年版，第 373 页。
③ 《江泽民文选》第一卷，人民出版社 2006 年版，第 226 页。

改革思路，强调"国家调节市场，市场引导企业"，^①1992 年正式确立社会主义市场经济的改革取向。此后，我们对市场的认识进一步深化，由市场在资源配置中起基础性作用发展到党的十八届三中全会提出的"市场在资源配置中起决定性作用和更好发挥政府作用"。^②40 年来，中国的市场化改革是成功的，社会生产力得到了极大的发展，综合国力得到了极大的增强，人民生活水平得到了极大的提升。

中国的改革为什么必须坚持社会主义市场经济的改革方向？一方面，理论和实践都证明，市场配置资源是最有效率的形式，市场决定资源配置是市场经济的一般规律，市场经济本质上就是市场决定资源配置的经济。健全社会主义市场经济体制必须遵循这条规律，改革不能违背这条规律。另一方面，理论和实践也证明，市场不是万能的，市场的逐利性、市场反应的滞后性、市场经济的盲目性和自发性，都需要从市场之外寻找干预力量，以弥补市场的失灵。习近平总书记指出："坚持党的领导，发挥党总揽全局、协调各方的领导核心作用，是我国社会主义市场经济体制的一个重要特征。"^③社会主义市场经济体制不同于资本主义市场经济的一个重要方面就在于，我们"坚持发挥我国社会主义制度的优越性、发挥党和政府的积极作用。市场在资源配置中起决定性作用，并不是起全部作用。"^④在改革的过程中，我们要坚持和发展我们的政治优势，以社会主义的制度优势、中国共产党的治理优势引领和推进改革，

---

① 《江泽民文选》第二卷，人民出版社 2006 年版，第 27 页。
② 《习近平谈治国理政》，外文出版社 2014 年版，第 95 页。
③ 《习近平谈治国理政》，外文出版社 2014 年版，第 118 页。
④ 《习近平谈治国理政》，外文出版社 2014 年版，第 77 页。

确保改革沿着正确的轨道进行。

完善社会主义市场经济体制是一项艰巨的历史任务，只要这一任务没有完成，市场化改革的方向就不能变，市场化改革的步伐就不能停顿。当然，我们的市场化改革不同于西方主张的全盘市场化，不是放任市场化。无论任何时候，中国的改革既不能离开社会主义的方向，也不能离开市场经济的轨道。那种否定政府作用，搞全盘市场化的改革在中国行不通，在其他国家也是失败的。

四、坚定不移走中国特色社会主义道路

一个国家实行什么样的主义，走什么样的道路，关键要看这个主义、这条道路能否解决这个国家面临的历史性课题；这个主义、这条道路是不是好，关键要看事实，要看中国人民的判断。习近平总书记指出："历史和现实都告诉我们，只有社会主义才能救中国，只有中国特色社会主义才能发展中国，这是历史的结论、人民的选择。"①"全党要更加自觉地增强道路自信、理论自信、制度自信、文化自信，既不走封闭僵化的老路，也不走改旗易帜的邪路，保持政治定力，坚持实干兴邦，始终坚持和发展中国特色社会主义"。②

中国的改革决不是要从根本上改变我国的社会主义制度，革社会主义的命，就其实质来说，它是社会主义制度的自我完善和发

---

① 《习近平谈治国理政》，外文出版社 2014 年版，第 22 页。
② 习近平：《决胜全面建成小康社会 夺取新时代中国特色社会主义伟大胜利——在中国共产党第十九次全国代表大会上的报告》，人民出版社 2017 年版，第 17 页。

展。回溯整个中国近代史，就会懂得，不搞社会主义，只有死路一条；总结中国社会主义建设时期的经验教训，就会懂得，不搞改革开放，也是死路一条；回顾苏联和东欧社会主义国家的发展史，就会懂得，不坚持社会主义性质的改革开放，还是死路一条。早在1989年，邓小平就深刻指出："整个帝国主义西方世界企图使社会主义各国都放弃社会主义道路，最终纳入国际垄断资本的统治，纳入资本主义的轨道。现在我们要顶住这股逆流，旗帜要鲜明。因为如果我们不坚持社会主义，最终发展起来也不过成为一个附庸国，而且就连想要发展起来也不容易。"① 历史证明，邓小平当初的判断是非常准确的。习近平总书记在主持十八届中央政治局第二次集体学习时指出："改革开放是一场深刻革命，必须坚持正确方向，沿着正确道路推进。在方向问题上，我们头脑必须十分清醒，不断推动社会主义制度自我完善和发展，坚定不移走中国特色社会主义道路。"② 今天，"我们所进行的一切完善和改进，都是在既定方向上的继续前进，而不是改变方向，更不是要丢掉我们党、国家、人民安身立命的根本。"③ 中国是一个大国，决不能在涉及改革方向等根本性问题上出现颠覆性错误。

中国改革的成功，本质上是中国特色社会主义的成功，是中国特色社会主义道路、理论体系、制度、文化的成功。中国以西方不认可的社会形态、发展道路、政党制度、文明价值观念，花费比西方少得多的时间，付出比西方小得多的代价，取得了比西方更大的

---

① 《邓小平文选》第三卷，人民出版社 1993 年版，第 311 页。
② 《习近平谈治国理政》，外文出版社 2014 年版，第 67 页。
③ 《习近平谈治国理政》第二卷，外文出版社 2017 年版，第 52 页。

成绩，中华民族迎来了从站起来到富起来、强起来的伟大飞跃，迎来了伟大复兴的光明前景。中国成功的样本意义是其他国家难以比肩的。中国是一个非常独特的样本，超大国土空间、超长历史纵深、超大人口规模、超长文化传统、多民族多宗教；中国的复兴，是 10 亿人口量级、10 万亿美元量级的大国复兴，创造了连续 40 年健康快速增长的经济奇迹，这是人类迄今为止绝无仅有的历史景象。19 世纪美国崛起时人口是 4000 万，经济规模不到千亿美元；20 世纪日本崛起时人口是 9000 万，经济规模刚过万亿美元，人口量级、经济体量与中国相比都是不可同日而语的。

中国特色社会主义道路是一条与西方完全异质、却更加成功的现代化之路。中国特色社会主义道路的巨大成功，不是共产党人的自我吹嘘，而是实践给出的答案。经过连续 40 年的快速发展，中国今天已经成为全球经济的发动机和主引擎，而且中国在这么长的发展周期内没有经历过严重的经济危机和社会危机，这不能不说明我们的道路是成功的，不能不说明这条道路的载体和内核——理论、制度、文化是正确的。中国在西方的夹击中求生存，"千磨万击还坚劲，任尔东西南北风"，真可谓"风景这边独好"。"中国道路"的巨大成功足以撑起这个颠簸不破的历史结论：只有中国特色社会主义才能发展中国。我们要在 2020 年全面建成小康社会，要靠坚持和发展中国特色社会主义；我们提前 15 年基本实现社会主义现代化，要靠坚持和发展中国特色社会主义；我们要在 2050 年建成社会主义现代化强国，实现中华民族伟大复兴的"中国梦"，还是要靠坚持和发展中国特色社会主义。

中国改革开放的巨大成功，打破了西方政治制度和价值观"放之四海而皆准"的神话，打破了"除了资本主义别无选择"的神话，打破了"现代化＝西方化"的发展逻辑，宣告了"西方中心论"的破产和"历史终结论"的终结，"拓展了发展中国家走向现代化的途径，给世界上那些既希望加快发展又希望保持自身独立性的国家和民族提供了全新选择，为解决人类问题贡献了中国智慧和中国方案"。[①]几百年来，未有发展中国家成功走上世界舞台的中央，中国是唯一的例外。

随着中国改革的成功，中华民族站在了强起来的历史新起点，"中国威胁论"也随之出场了。这种论调的实质是什么呢？其实，大多数西方国家特别是欧洲国家不担心中国的军事崛起，不担心中国会走"国强必霸"的道路。但为什么这么担心中国的复兴？因为中国的成功，证明了"历史终结论"是错的，"西方中心论"是错的，"文明优越论"是站不住脚的，"普世价值"是行不通的，"别无选择论"是武断的。西方几百年来累积的优越感、自豪感和傲慢心态碎满一地，这是他们无法接受的。在他们眼里，欧洲永远都是中心，中国不过是远东。这是 500 年来西方第一次遭遇来自东方的制度和价值观威胁，也是"中国威胁论"的核心要义。2018 年 2月 17 日，德国副总理兼外长加布里尔在出席慕尼黑安全会议时说，中国是西方自由民主大厦的"打桩者"。加布里尔表示，西方世界的秩序犹如一座大厦，但美国的变化动摇了大厦的根基，这个时候，"别人"就开始在这座大厦的地基上打桩了，最终这会导致大厦发生根本性改变，而美国人、欧洲人都会在这样一栋不再建立在

[①]　习近平：《决胜全面建成小康社会　夺取新时代中国特色社会主义伟大胜利——在中国共产党第十九次全国代表大会上的报告》，人民出版社 2017 年版，第 10 页。

自由、民主、人权基础上的大厦中感到不适。这个"别人"正是指的中国，中国正针对西方提供另一种制度选择。

"中国威胁论"，准确地说，不过是"威胁中国论"，西方联合起来遏制中国的复兴。几十年来，西方大国从未遗忘中国，"和平演变战略""遏制中国战略""C型包围圈""价值观外交战略""亚太再平衡战略""颜色革命战略"（比如香港"占中"运动），一个个都剑指中国，其根本原因就在于一个社会主义中国的崛起是西方无法接受的，当中国以西方不认可的政治制度、发展模式和价值观念获得成功，则更是西方不能容忍的。因此，越是在民族复兴的关键时刻，越是要保持战略定力，坚定不移走中国特色社会主义道路。

第五章　中国共产党的改革哲学观

——改革成功的哲学基础

中国 40 年的改革之所以成就辉煌，一个极为重要的原因是作为改革领导力量的中国共产党以马克思主义哲学的基本原理与方法为指导，坚持了正确的改革哲学观，为中国改革的成功奠定了坚实的哲学基础。

一、为了谁——以人民为中心的改革立场

实现人的解放、促进每个人的自由全面发展是马克思主义人学的核心观点。这一核心观点体现在中国的改革中，就是以人民为中心的改革价值取向。也正是由于坚持了以人民为中心的价值取向，中国改革才获得了民众的广泛支持和坚定拥护，才拥有了牢固的社会基础。

改革开放的总设计师邓小平时刻关注最广大人民的利益和愿望，反复强调要把人民拥护不拥护、赞成不赞成、高兴不高兴、答

应不答应作为制定方针政策和作出决断的出发点和落脚点，把"三个有利于"，即是否有利于发展社会主义社会的生产力，是否有利于增强社会主义国家的综合国力，是否有利于提高人民的生活水平，作为判断一切工作是非得失的标准。江泽民提出中国共产党要始终代表中国最广大人民的根本利益，还提出了人的全面发展的思想，指出我们建设有中国特色的社会主义的各项事业，我们进行的一切工作，既要着眼于人民现实的物质文化生活需要，同时又要着眼于促进人民素质的提高，也就是要努力促进人的全面发展。胡锦涛提出的"以人为本"理念则将对改革价值目标的认识推到一个新的高度，指出坚持"以人为本"，就是要以实现人的全面发展为目标，从人民群众的根本利益出发谋发展、促发展，不断满足人民群众日益增长的物质文化需要，切实保障人民群众的经济、政治和文化权益，让发展的成果惠及全体人民。

在全面深化改革新的历史起点上，习近平总书记结合新的改革形势对改革为了谁的问题作出了体现时代要求的创新性诠释，明确提出了"以人民为中心"的发展思想和以民众获得感来衡量的新的改革评价标准。在十八届中共中央政治局常委同中外记者见面时的讲话中，总书记就饱含深情地指出："我们的人民热爱生活，期盼有更好的教育、更稳定的工作、更满意的收入、更可靠的社会保障、更高水平的医疗卫生服务、更舒适的居住条件、更优美的环境，期盼孩子们能成长得更好、工作得更好、生活得更好。人民对美好生活的向往，就是我们的奋斗目标。"[1] 在接受国外媒体专访

---

① 《习近平关于全面建成小康社会论述摘编》，中央文献出版社 2016 年版，第 129 页。

时，习近平也曾由衷指出：“我的执政理念，概括起来说就是：为人民服务，担当起该担当的责任。”①在第十二届全国人民代表大会第一次会议上的讲话中，总书记又强调指出：“我们要随时随刻倾听人民呼声、回应人民期待，保证人民平等参与、平等发展权利，维护社会公平正义，在学有所教、劳有所得、病有所医、老有所养、住有所居上持续取得新进展，不断实现好、维护好、发展好最广大人民根本利益，使发展成果更多更公平惠及全体人民，在经济社会不断发展的基础上，朝着共同富裕方向稳步前进。”②

　　2015 年 10 月 12 日，中共中央政治局会议明确提出了以人民为中心的发展思想。会议提出：“人民是推动发展的根本力量，必须坚持以人民为中心的发展思想，把增进人民福祉、促进人的全面发展作为发展的出发点和落脚点，发展人民民主，维护社会公平正义，保障人民平等参与、平等发展权利，充分调动人民积极性、主动性、创造性。要以经济建设为中心，坚持科学发展，加快转变经济发展方式，全面深化改革，全面依法治国，加快完善各方面体制机制，更好利用两个市场、两种资源，为我国发展不断提供强大动力和有效保障。”③党的十八届五中全会审议通过的《中共中央关于制定国民经济和社会发展第十三个五年规划的建议》首次把这一表述写进党的正式文件。习近平总书记在中央政治局第二十八次集体学习时也强调指出：“要坚持以人民为中心的发展思想，这是马克

---

① 《习近平谈治国理政》，外文出版社 2014 年版，第 101 页。
② 《习近平关于全面建成小康社会论述摘编》，中央文献出版社 2016 年版，第 131 页。
③ 《中共中央政治局召开会议讨论拟提请十八届五中全会审议的文件审议〈中国共产党廉洁自律准则〉〈中国共产党纪律处分条例〉中共中央总书记习近平召开会议》，《人民日报》2015 年 10 月 13 日。

思主义政治经济学的根本立场。要坚持把增进人民福祉、促进人的全面发展、朝着共同富裕方向稳步前进作为经济发展的出发点和落脚点，部署经济工作、制定经济政策、推动经济发展都要牢牢坚持这个根本立场。"① 以什么为中心推进改革与实现发展，涉及的是发展的本质与目的问题，体现的是对待发展的根本立场与根本态度，决定着治国理政的方式方向与思路战略。可以说，以人民为中心的发展思想，是马克思主义人学思想在新的时代条件与新的发展实践中的生动表达，是中国特色社会主义本质的必然要求与具体体现，不仅具有非常重大的理论创新意义，而且具有极为重要的实践指导功能。

在 2016 年 2 月召开的中央全面深化改革领导小组第二十一次会议上，习近平总书记明确提出要把是否促进经济社会发展、是否给人民群众带来实实在在的获得感，作为改革成效的评价标准。在中央全面深化改革领导小组第二十三次会议的讲话中，总书记进一步指出，要"把以人民为中心的发展思想体现在经济社会发展各个环节，做到老百姓关心什么、期盼什么，改革就要抓住什么、推进什么，通过改革给人民群众带来更多获得感"。② 强调以人民为中心的发展思想特别是强调人民群众的获得感，意味着我们对改革评价标准认识的进一步深化。改革作为一项系统工程，评判其各项工作成败得失的标准是多方面多维度的：经济的发展、制度的健全、秩序的稳定、社会的公正，等等。早在改革开放之初，邓小平就提

---

① 《立足我国国情和我国发展实践发展当代中国马克思主义政治经济学》，《人民日报》2015 年 11 月 25 日。
② 《习近平谈治国理政》第二卷，外文出版社 2017 年版，第 103 页。

出了判断改革的生产力标准。如上所述，1992 年邓小平在南方谈话中又提出了著名的"三个有利于"标准。在改革大幕开启 40 年后的新时代，习近平总书记又提出把人民群众的获得感作为一个重要的评价标准。获得感是相对于不公平感与相对剥夺感而言的，这一新标准的提出超越了以往主要从经济方面评判改革成效的思维，体现了发展与公平的统一，突出了评判改革的大众心理维度。

习近平总书记对于改革评价标准的这一强调具有极强的指向性，实际上针对的是我们过去改革发展中所出现的偏差与问题。改革开放以来，我们党明确了中国处于社会主义初级阶段的历史定位，作出了"以经济建设为中心"、大力发展社会生产力的战略决策。但在过去较长一段时间内，"以经济建设为中心"在实践中似乎变成了"以经济建设为全部"，GDP 崇拜与增长主义思维流行。对于有过惨痛教训的国人来说，对于急于摆脱落后状况而欲奋起直追的发展中国家而言，对经济增长速度与数量的过度重视虽然可以理解，但不能不看到，单纯的"拜物教"与庸俗的"唯物主义"在促进经济增长的同时，不仅逐步暴露出这种粗放式发展方式本身不可持续的问题，也引发了较为严重的社会公平正义问题。以往的经验教训使我们深刻认识到，经济的增长虽然与人自身的发展相关，但并不等于人的发展的本身与全部，在此之外，人自身的发展还有更为广泛的内涵；蛋糕的做大也并不意味着分配的正义与利益的合理共享，在蛋糕做大的同时还必须公平地对待所有社会成员，共享是中国特色社会主义的本质要求。我们应从人民群众的切身利益出发谋发展、促发展，必须给广大人民群众带来实实在在的获得感。确实，尽管改革的评价标准众多，但所有方面的改革绩效最终必须落实到民众的实际权益满足与真正感受上才是合理的。现实的社会主义虽然无法企及共产主义的理想之境，但是，在历史情势所提供的可能性范围内，保障个体的权利与自由、推进个体的发展与幸福，增进个体的幸福感与获得感仍是共产党人不可推卸的责任与使命。就此而言，社会成员的权利实现与否及其程度、全面发展与否及其程度、获得感觉及其程度、幸福感觉及其程度，应是衡量现实改革成效的核心尺度或元尺度。

二、依靠谁——坚持人民主体地位

按照马克思主义的基本原理，人类社会生活的一切领域和社会历史过程都是由人类的实践活动尤其是物质生产实践创造的，没有物质生产实践活动，就没有社会的一切，也就没有人类的历史，而人民群众是实践活动的主体，因此，马克思主义认为，人民群众是社会历史的主体，是社会物质财富的创造者、精神财富的创造者，是社会变革的决定力量。这是唯物史观的核心观点之一。也正是依据人民群众创造历史这一马克思主义人学的核心观点，我们党才提出了群众观点，形成了群众路线。

把人当作主体，注重人的自主性、积极性和创造性的充分发挥以及人的能力的不断提升也是 1978 年以来中国改革成功推进的一条根本经验！正是民众自主性与创造性的激发调动为中国的持续发展提供了内在动力。邓小平在总结改革开放的经验时也曾指出："乡镇企业是谁发明的，谁都没有提出过，我也没有提出过，突然一下子冒出来了，发展得很快，见效也快。家庭联产承包责任制也是由农民首先提出来的。我的功劳是把这些新事物概括起来，加以提倡。"①从某种意义上说，一部改革开放的历史，就是一部解放和保障群众的创造权，使群众的创造合法化、普及化和常态化的历史。十八大前后，习近平对此也是反复强调。十八大以前，习近平同志就强调要努力掌握马克思主义的人民立场，指出："我们要始终牢记党的根本宗旨，从思想和感情深处真正把人民群众当主人、当先生，把自己看作人民群众的公仆和学生，自觉贯彻党的群众路线。人民群众中蕴藏着无穷的智慧和创造力，要虚心向他们求教问策，把政治智慧的增长、执政本领的增强、领导艺术的提高深深扎根于人民群众的实践沃土中，不断从人民群众中吸取营养和力量。"②党的十八大以来，他对此更是多次重申："改革开放是亿万人民自己的事业，必须坚持尊重人民首创精神，坚持在党的领导下推进。改革开放在认识和实践上的每一次突破和发展，改革开放中每一个新生事物的产生和发展，改革开放每一个方面经验的创造和积累，无不来自亿万人民的实践和智慧。"③"坚持人民主体地位，充分调动人民积极性，始终是我们党立于不败之地的强大根基。在人民面前，我们永远是小学生，必须自觉拜人民为师，向能者求教，向智者问策；必须充分尊重人民所表达的意愿、所创造的经验、所拥有的权利、所发挥的作用。"④"我们要

---

① 中共中央文献研究室编：《邓小平年谱》（下），中央文献出版社 2004 年版，第1350 页。
② 习近平：《深入学习中国特色社会主义理论体系 努力掌握马克思主义立场观点方法》，《求是》2010 年第 7 期。
③ 《习近平谈治国理政》，外文出版社 2014 年版，第 68 页。
④ 《习近平谈治国理政》，外文出版社 2014 年版，第 27 页。

实现党的十八大确定的奋斗目标和中国梦，必须紧紧依靠人民，充分调动最广大人民的积极性、主动性、创造性。"①"只要我们紧密团结，万众一心，为实现共同梦想而奋斗，实现梦想的力量就无比强大，我们每个人为实现自己梦想的努力就拥有广阔的空间。……全国各族人民一定要牢记使命，心往一处想，劲往一处使，用十三亿人的智慧和力量汇集起不可战胜的磅礴力量。"②

牢固树立依靠人民群众发展的思想对于今天中国的改革而言具有尤为重要的现实指导意义。今天中国经济社会的发展正处于动力转换的关键时刻，传统要素驱动、投资规模驱动的粗放式发展方式已不可持续，实施依赖于人的创新驱动战略成为必然趋势。所谓创新驱动，其实质就是尊重劳动、尊重知识、尊重人才、尊重创造，注重依靠人、解放人与开发人，充分释放人的创新激情、活力与能力。只有如此，科技的进步才有可能，大众创业、万众创新才能成为现实。这种经济发展之支撑力量的转换是市场经济发展的内在要求。特别是随着市场经济推进到知识经济时代，人力资源特别是人才资源日益成为经济社会发展的第一资源，个人能力的充分发展将成为最大的生产力。这就要求我们在当下的改革过程中，应紧跟知识经济的步伐，反映现代化建设对高素质人才的要求，实行以开发人力资源为核心的发展战略，加强人力资源能力建设，充分激发潜藏于 13 亿民众之中的磅礴智慧和无穷力量，切实解决发展的活力问题。正如党的十九大报告指出的："党和人民事业要不断发展，就要把各方面人才更好使用起来，聚天下英才而用之。我们要以识

---

① 《习近平谈治国理政》，外文出版社 2014 年版，第 367 页。

② 《习近平谈治国理政》，外文出版社 2014 年版，第 40 页。

才的慧眼、爱才的诚意、用才的胆识、容才的雅量、聚才的良方，广开进贤之路，把党内和党外、国内和国外等各方面的优秀人才吸引过来、凝聚起来。"①

三、改哪里——以问题为导向

问题导向是改革成功的重要经验。习近平总书记多次指出，"改革是由问题倒逼而产生"，②改革的方针、政策正是在分析问题、解决问题的过程中形成的。

其一，问题无所不在。问题即矛盾，躲不过绕不开。不存在无矛盾的社会，不存在无问题的国家。毛泽东指出："问题就是事物的矛盾。哪里有没有解决的矛盾，哪里就有问题。"③习近平也指出："每个时代总有属于它自己的问题，只要科学地认识、准确地把握、正确地解决这些问题，就能够把我们的社会不断推向前进。"④面对各式各样的问题，我们要坚持具体问题具体分析，善于从个性问题中寻找共性问题，善于从杂乱的问题中把握要害问题，善于从问题的趋向中洞悉问题的转变。面对杂乱无章的问题，我们要坚持科学分析，不要把全局性问题当作一般问题来对待，不要把细枝末节的问题当作要害问题来筹划，也不要把个别性问题作为普

---

① 习近平：《在庆祝中国共产党成立 95 周年大会上的讲话》，人民出版社 2016 年版，第 19 页。

② 《习近平谈治国理政》，外文出版社 2014 年版，第 74 页。

③ 《毛泽东文选》第三卷，人民出版社 1991 年版，第 839 页。

④ 习近平：《之江新语》，浙江人民出版社 2007 年版，第 235 页。

遍性问题来处理。面对纷繁复杂的问题，要善于透过现象看本质、撇开枝节抓根本，善于从繁杂问题中把握事物的规律性，从常态问题中捕捉事物的变异性，从苗头问题中发现事物的倾向性，从平和问题中洞察事物的风险性，从偶然问题中揭示事物的必然性。面对轻重缓急的问题，要善于抓住事关全局、事关长远、事关人们根本利益的重要问题，牵住改革的"牛鼻子"。

其二，问题催生改革。问题是改革的导向，改革源于问题，改革的目的是为了解决问题。没有问题，就没有改革；哪里有问题，哪里就需要改革，就在哪里谋划改革；哪里的问题牵动全局，哪个环节哪个领域问题突出，哪里就是改革的重点，就对准哪里重点改革。习近平总书记指出："要有强烈的问题意识，以重大问题为导向，抓住关键问题进一步研究思考，着力推动解决我国发展面临的一系列突出矛盾和问题。我们中国共产党人干革命、搞建设、抓改革，从来都是为了解决中国的现实问题。可以说，改革是由问题倒逼而产生，又在不断解决问题中得以深化。"①历史不会终结，问题也不会终结，旧的问题解决了，新的问题又会产生，社会发展没有止境，改革也不可能一劳永逸，这是历史发展的逻辑，也是改革的逻辑。那种认为改革是特定年代、特定条件下的产物的看法是完全错误的，任何社会都是不断改革的，都是在改革中不断发展进步的。资本主义社会是一个不断变革的社会，社会主义社会也只能是一个不断变革的社会，区别仅仅在于改革的主体、幅度、面积、领域、方法的不同，在于改革的目标、效果、成败的不同，而不是有

---

① 《习近平谈治国理政》，外文出版社 2014 年版，第 74 页。

无改革的不同。纵观我国 40 年来改革开放的历史，可以得出一个基本结论，以问题为中心谋划改革，用改革的办法解决发展中的问题，这是中国改革取得成功的基本经验。

其三，问题的化解决定改革的成败。党的十一届三中全会以来，我们党成功应对国际国内的复杂环境，有效化解了各个阶段所面临的突出矛盾和问题，推动中国改革事业取得历史性成就。

党的十八大以来，中国特色社会主义进入了新时代。新时代有新的成就，但也面临新的问题。比如，就生产力而言，要从过去粗放式的"要素驱动"走向"创新驱动"，进一步转变经济发展方式，深入贯彻新的发展理念，建设现代化经济体系；就分配关系而言，要从过去的"让一部分人先富起来"、把蛋糕做大走向"共同富裕"，切实解决社会公正问题尤其是收入分配问题，把蛋糕分好，满足人民日益增长的美好生活需要；就政治建设而言，要从过去的"管党治党失之于宽、失之于松、失之于软"①走向全面从严治党；就生态环境而言，要扬弃过去的"工业文明"走向"生态文明"，建设美丽中国；就意识形态而言，要从解决过去的"思想僵化"走向解决"思想分化"，更好地引领多样，统一认识；就公共事务而言，要从过去公权力作为单一主体的管理走向公权力、社会组织、公民、相关利益群体多元主体的协商治理；就国际战略而言，要从过去的"韬光养晦"走向"更加有所作为"，以突破战略遏制，有效捍卫中国不断增加的全球利益，等等。在这一关键时期，要想突破利益固化的藩篱、冲破思想观念的束缚、攻克体制机制上的顽瘴

---

① 《十八大以来重要文献选编》（中），中央文献出版社 2016 年版，第 761 页。

痼疾，实现改革的深化与再出发，执政党就必须以更大的政治勇气和智慧，以更为鲜明的问题意识，牢牢秉持问题导向，不失时机地深化重要领域改革。正如习近平指出的："改革要坚持从具体问题抓起，着力提高改革的针对性和实效性，着眼于解决发展中存在的突出矛盾和问题，把有利于稳增长、调结构、防风险、惠民生的改革举措往前排，聚焦、聚神、聚力抓落实，做到紧之又紧、细之又细、实之又实。"①

党的十八大以来，以习近平为核心的党中央坚持问题导向，在改革发展稳定、内政外交国防、治党治国治军等方方面面，抓住深层次矛盾和重点难点问题持续发力、精准发力，解决了许多长期想解决而没有解决的难题，办成了许多过去想办而没有办成的大事，推动党和国家事业发生历史性变革。实践发展永无止境，解放思想永无止境，改革深化也永无止境。面对新情况、新问题、新挑战，改革只有进行时、没有完成时。

四、怎么改——走自己的路

马克思主义哲学的唯物论认为，物质第一性、意识第二性，物质决定意识。由于一切事物都处于一定时、空、条件之中，都处在不停地发展变化之中，因此，在认识与解决问题时，必须一切以时间、地点、条件及其变化为转移，因时制宜，因地制宜。概言之，

---

① 《改革要聚焦聚神聚力抓好落实着力提高改革针对性和实效性》，《人民日报》2014年6月7日。

面向事实本身，一切从实际出发是马克思主义哲学方法论的根本要求和精髓实质。正是依据马克思主义哲学从实际出发这一根本方法论，改革开放以来，我们才开辟与形成了既区别于苏联模式，又区别于西方模式的中国特色社会主义道路。

中国改革自始就伴随着道路与方向之争。基于传统社会主义模式存在的弊端与惨痛教训，邓小平在改革之初强调老路不能走，要解放思想、实事求是，要通过对内改革、对外开放探索一条区别于苏联模式、符合自己国情的社会主义新路。正如他指出的："如果说构想，这就是我们的构想。我们还要积累新经验，还会遇到新问题，然后提出新办法。总的来说，这条道路叫做建设有中国特色的社会主义的道路。我们相信，这条道路是可行的，是走对了。"[1]"不改革就没有出路，旧的那一套经过几十年的实践证明是不成功的。过去我们搬用别国的模式，结果阻碍了生产力的发展，在思想上导致僵化，妨碍人民和基层积极性的发挥。……中国社会从一九五八年到一九七八年二十年时间，实际上处于停滞和徘徊的状态，国家的经济和人民的生活没有得到多大的发展和提高。这种情况不改革行吗？"[2]"我们现在的路子走对了，人民高兴，我们也有信心。我们的政策是不会变的。要变的话，只会变得更好。……路子不会越走越窄，只会越走越宽。路子走窄的苦头，我们是吃得太多了。如果我们走回头路，会回到哪里？只能回到落后、贫困的状态。"[3]"现在要做的事情很多，但是我们的路子走对了，路子走对

① 《邓小平文选》第三卷，人民出版社 1993 年版，第 65—66 页。
② 《邓小平文选》第三卷，人民出版社 1993 年版，第 237 页。
③ 《邓小平文选》第三卷，人民出版社 1993 年版，第 29 页。

了就有希望。"①"中国不走这条路，就没有别的路可走。只有这条路才是通往富裕和繁荣之路。"②

近年来，随着中国改革渐行渐深，进入全面深化与攻坚阶段，面对大量的棘手难题与严峻挑战，关于改革的道路与方向之争再次激化。在这种情况下，"举什么旗、走什么路、朝着什么样的目标前进"就作为焦点问题呈现在处于攻坚阶段的中国改革面前。中国改革到底应该走什么路呢？答案很明确：中国改革既不能走封闭僵化的老路，也不能走改旗易帜的邪路，而应该一切从自身具体实际出发，坚定不移走中国特色社会主义道路。这一观点党的十八大报告与十九大报告都强调过。之所以强调不走老路、邪路，而要走中国特色社会主义道路，是因为中国特色社会主义道路是基于历史经验教训，在改革开放的实践探索中，在试错、对比、选择、总结基础上得以开辟并不断发展的，其作为共产党领导下的现代化与民族复兴之路符合中国的发展实际，体现了中国社会的发展要求。所以，我们要在坚持中国特色社会主义道路的基础上解决具体改革难题，而非改弦易辙，另寻他路。相比之下，不论是回归传统社会主义模式的封闭僵化的老路，还是在经济上主张普遍私有化、政治上主张多党制的改旗易帜的自由主义邪路，都不符合中国国情，不仅无法有效解决当前中国经济社会发展面临的突出矛盾与问题，实现既定的改革目标，反而会导致中国社会的剧烈动荡甚至解体！党的十八大以来，面对关于改革的道路之争，习近平也多

---

① 中共中央文献研究室编：《邓小平年谱》（下），中央文献出版社 2004 年版，第 868—869 页。

② 《邓小平文选》第三卷，人民出版社 1993 年版，第 149—150 页。

次强调："世界上没有放之四海而皆准的具体发展模式，也没有一成不变的发展道路。历史条件的多样性，决定了各国选择发展道路的多样性。"①"我们要虚心学习借鉴人类社会创造的一切文明成果，但我们不能数典忘祖，不能照抄照搬别国的发展模式，也绝不会接受任何外国颐指气使的说教。"②"鞋子合不合脚，自己穿了才知道。一个国家的发展道路合不合适，只有这个国家的人民才最有发言权。"③而如果不从自身具体实际出发，不考虑中国实际的国情、发展任务与国际环境，改革方案的设计就会出现严重问题，中国的改革就会误入歧途，就会在根本性问题上犯颠覆性错误。

五、怎么看——拿事实来说话

怎么看中国 40 年的改革，实质上就是怎么评价中国改革的成败，回答"改得怎么样"的问题。

一般来说，改革的结果无非是两种情况：改好与改坏。改革的动机总是争取改好，防止变坏。已经变坏的，也要争取"使坏事变成好事"。在改革推进的每一步，我们该怎么如何评价改革的是非成败呢？中国共产党人提出了几个标准：

其一是"生产力标准"，这是评价改革得失成败的根本标准。邓小平指出："不管你搞什么，一定要有利于发展生产力"，④"社会

---

①　《习近平谈治国理政》，外文出版社 2014 年版，第 29 页。
②　《习近平谈治国理政》，外文出版社 2014 年版，第 30 页。
③　《习近平谈治国理政》，外文出版社 2014 年版，第 273 页。
④　《邓小平文选》第二卷，人民出版社 1994 年版，第 312 页。

主义经济政策对不对，归根到底要看生产力是否发展，人民收入是否增加。这是压倒一切的标准。"① 生产力标准是最硬的标准，是任何国家都必须坚持的改革标准。

其二是"人民利益标准"，这是评价改革得失成败的最高标准。江泽民指出："党的一切工作和方针政策，都要以是否符合最广大人民的根本利益为最高标准"。② 人民利益标准是最高标准，是社会主义国家必须坚持的改革标准。

其三是"三个有利于"标准，这是生产力标准和人民利益标准的时代表达。邓小平指出，"改革开放……判断的标准，应该主要看是否有利于发展社会主义社会的生产力，是否有利于增强社会主义国家的综合国力，是否有利于提高人民的生活水平"。③

习近平总书记在继承前人的基础上，进一步将改革评价方法凝练为"两个是否"，即要"把是否促进经济社会发展、是否给人民群众带来实实在在的获得感，作为改革成效的评价标准。"④ 这是对改革评价标准的新表述、新界定。根据习近平总书记"两个是否"的新标准，评价改革的是非成败，既要看生产力指标，也要看综合国力；既要看社会稳定，也要看老百姓的幸福指数，不可偏废。

综上所述，评价改革成败的标准无非是生产力标准、人民利益标准、综合国力标准，这都是铁的事实。所谓拿事实来说话，就是从生产力、人民利益、综合国力的角度来衡量改革的是非成败。

---

① 《邓小平文选》第二卷，人民出版社 1994 年版，第 314 页。
② 《十六大以来重要文献选编》（下），中央文献出版社 2008 年版，第 595 页。
③ 《邓小平文选》第三卷，人民出版社 1993 年版，第 372 页。
④ 中共中央宣传部编：《习近平总书记系列重要讲话读本》，学习出版社、人民出版社 2016 年版，第 83 页。

如何评价过去 40 年的改革，中国人民最有发言权，事实最有说服力。

改革开放以来，我国发展成就惊艳世界，彻底摆脱了被开除球籍的危险。从一穷二白，到经济总量位居世界第二；从"洋字号"时代到全世界最完整的工业链条；从百姓温饱不足，到进入世界上中等收入国家行列；从物资短缺，到坐上全球货物贸易头把交椅；从与世隔绝到引领全球化的发展方向；中国经历凤凰涅槃，完成了从世界体系边缘走向世界舞台中心的华丽转身。正如习近平同志所说："现在，我们比历史上任何时期都更接近中华民族伟大复兴的目标，比历史上任何时期都更有信心、有能力实现这个目标。"[①] 改革开放的巨大成功足以支撑起中国的底气与自信！

中国改革的巨大成功，不是共产党人的自我吹嘘，而是实践给出的答案。经过连续 40 年的快速发展，中国今天已经成为全球经济的发动机和主引擎，而且中国在这么长的发展周期内没有经历过严重的经济危机和社会危机，这不能不说明我们的道路是成功的，不能不说明改革开放的伟大决策是正确的。中国在西方的夹击中求生存，"千磨万击还坚劲，任尔东西南北风"，真可谓"风景这边独好"。"中国道路"的巨大成功足以撑起这个颠扑不破的历史结论：只有社会主义才能救中国，只有改革开放才能发展中国、发展社会主义、发展马克思主义。我们要在 2020 年全面建成小康社会，必须坚定不移推进改革开放；我们要提前 15 年基本实现社会主义现代化，必须坚定不移推进改革开放；我们要在 2050 年建成社会主

---

① 《习近平谈治国理政》，外文出版社 2014 年版，第 35—36 页。

义现代化强国，实现中华民族伟大复兴的"中国梦"，还是要靠改革开放。

　　反观苏联和俄罗斯的改革，领导层奉行错误的改革哲学，选择了"激进式"的改革道路，仓促出台一系列改革措施，最终导致了社会矛盾的激化，昔日超级大国沦落为一个经济上的三流国家，彻底失去了与美国比肩并立、指点江山的能量。1985 年，苏共实施"加速战略"，意欲通过加大对机器制造业的投资来发展经济，结果"欲速则不达"，反而造成经济的恶化；1988 年，苏共中央将改革重点转向政治体制，结果政治斗争、游行、罢工等严重冲击了正常的改革秩序，国家陷入了混乱，改革折戟沉沙；1990 年，苏共中央推出"500 天"计划，经济体制改革的方向转向自由主义市场经济，结果改革变成了改向；1991 年，苏联解体后，叶利钦继而推行"休克疗法"，结果俄罗斯从"休克"直接进入了"休眠"。从苏联和俄罗斯的改革结果来看，它既背离了生产力标准，也背离了人民利益标准。改革导致经济发展停滞不前，人民的生活水平急剧下降；改革导致政局动荡不安，人民的政治权利得不到基本的保障；改革导致人民对社会主义彻底失望，投向了西方的怀抱。苏联（包括其后的俄罗斯）激进改革的代价是惨痛的：GDP 连年负增长，下降幅度超过 40%，迄今俄罗斯的 GDP 不足美国的十分之一，彻底丧失了与美国同台竞技的实力。

　　历史是一面镜子，可以照见过去，也可以照亮未来。苏联的改革已经随着亡党亡国的步伐雨散云收，错误的改革哲学使这个曾经资源禀赋、经济基础、人口素质较好的"超级大国"分崩离析、日落西山。而中国的改革却依然方兴未艾，中华民族踏上了重返世界之巅的壮丽征程。孰是孰非，孰成孰败，历史已有定论。

40 年的辉煌成就雄辩地证明，改革开放是决定当代中国命运的关键一招，也是决定实现"两个一百年"奋斗目标、实现中华民族伟大复兴的关键一招。改革开放符合党心民心、顺应时代潮流，方向和道路是完全正确的，成效和功绩不容否定，停顿和倒退没有出路。这是党和人民从历史和现实中得出的基本结论。

第六章　中国共产党的改革方法论

——改革成功的方法支撑

改革是一项系统工程，涉及方方面面，需要处理好解放思想与实事求是、顶层设计与"摸着石头过河"、政府与市场、中央与地方、改革发展稳定、党的领导与群众创造、改革与法治等若干重大关系。

一、解放思想与实事求是

中国改革的成功，从一定程度上可以说就是解放思想、实事求是的成功。解放思想、实事求是，是中国改革方法论的精髓、精华，是其"活的灵魂"。今天，我们把握改革方法论首要的是把握其精髓，运用改革方法论关键的是运用其精髓。

"解放思想、实事求是"，是中国共产党改革方法论最鲜明的精神实质，最本质的特征。把握了这个精神实质，就把握了中国改革方法论最本质的东西，就把握了改革方法论与建设方法论的历史联系。习近平总书记强调："冲破思想观念的障碍、突破利益固化的藩篱，解放思想是首要的。"① 解放思想、实事求是，是我们党的思想路线，也是马克思主义的精神实质。中国共产党的改革方法论，从根本上讲就是解放思想、实事求是。有一些海外学者曾将中国的改革简单地说成是，"不以任何既定的、先入为主的意识形态或价值系统为指导方针"，"完全不受任何既定思想理论或意识形态的束缚"。② 这种观点当然是片面的，如果无视改革方法论发展演化的文化血脉，无视其精神实质的内在传承，无疑会造成理论上和实践上的严重后果。

　　解放思想、实事求是，既是一种思想方法，也是一种精神状态。解放思想重在为改革破除固化的藩篱，习近平总书记指出："思想不解放，我们就很难看清各种利益固化的症结所在，很难找准突破的方向和着力点，很难拿出创造性的改革举措。"③ 但是，解放思想不是胡思乱想，解放思想的目的是为了实事求是。实事求是重在探索改革规律，遵循改革规律，科学谋划改革。正是因为始终保持解放思想、实事求是的精神状态，一代又一代的中国共产党人在开创中国特色社会主义事业的历史进程中，在完善中国特色社会主义制度的过程中，不断解决改革实践提出的新课题、新任务，不断开创中国改革方法论的新境界。党的十八大以来，习近平总书记准确把握世界发展大势，深入研究我国发展的阶段性特征，作出了

---

① 《习近平谈治国理政》，外文出版社 2014 年版，第 87 页。
② 覃火杨：《海外人士谈中国社会主义》，北京大学出版社 1990 年版，第 52 页。
③ 《习近平谈治国理政》，外文出版社 2014 年版，第 87 页。

全面深化改革的战略部署，开辟了改革方法论的崭新境界。

　　解放思想、实事求是贯穿改革开放的始终。中国共产党人将马克思主义的基本原理与当代中国改革实践相结合，围绕"为什么改、改什么、怎么改"这一基本问题，围绕"如何认识改革、如何推进改革、如何评价改革"这一重要的策略问题，提出了一系列新思想、新观点、新论断，形成了中国共产党人的改革方法论。比如，今天的改革与30年前的改革就有了很大的不同，沿用过去的老办法可能不管用、不够用、不顶用，这就要求我们解放思想、实事求是，推进改革方法论的发展创新。具体来说，过去强调"摸着石头过河"，今天则进一步提出"摸着石头过河和加强顶层设计是辩证统一的"[1]；过去强调改革"胆子要大、步子要稳"，[2]"有错误马上改，小错误不要变成大错误"，[3]今天则进一步强调改革"决不能在根本性问题上出现颠覆性错误"[4]；过去强调"改革是社会主义制度的自我完善和发展"，[5]今天则进一步强调改革的总目标是"完善和发展中国特色社会主义制度，推进国家治理体系和治理能力现代化"[6]；过去强调"不争论"，"拿事实来说话"[7]，今天则进一步强调"一分部署，九分落实"[8]，"空谈误国，实干兴邦"[9]；过去强调"市

① 《习近平谈治国理政》，外文出版社2014年版，第68页。
② 《江泽民文选》第一卷，人民出版社2006年版，第217页。
③ 《邓小平文选》第三卷，人民出版社1993年版，第174页。
④ 《习近平谈治国理政》，外文出版社2014年版，第348页。
⑤ 中共中央文献研究室编：《江泽民思想年编（1989—2008）》，中央文献出版社2010年版，第50页。
⑥ 《习近平谈治国理政》，外文出版社2014年版，第90页。
⑦ 《邓小平文选》第三卷，人民出版社1993年版，第155页。
⑧ 《习近平关于全面深化改革论述摘编》，中央文献出版社2014年版，第144页。
⑨ 《习近平谈治国理政》，外文出版社2014年版，第406页。

场的基础性作用"①，今天则进一步强调"使市场在资源配置中起决定性作用和更好发挥政府作用"②；过去强调"试点""试验"，今天则强调掌握节奏、区别对待，"对条件已经成熟、各方面要求强烈的改革，要下定决心加快推进；对各方面认识还不一致、但又必须突破的改革，要处理好各方面利益关系，尽可能寻求最大公约数、凝聚改革共识；对实践发展有要求、但操作上一时还不那么有把握的改革，可以先行试点，取得经验后再推开"③；过去强调"三个有利于"的改革评价标准，今天则进一步提出"两个是否"（是否促进经济社会发展、是否给人民群众带来实实在在的获得感）的新标准，等等，这些新思想、新观点、新论断的提出，既是解放思想的成果，也是实事求是的体现。

改革永无止境，解放思想、实事求是也永无止境。中国改革方法论不是封闭的，而是开放的理论体系，它既是我们推进改革的根本指针，又是我们探索深化改革方法论的崭新起点。中国特色社会主义事业是不断发展的事业，改革开放永远在路上，"只有进行时没有完成时"，④改革路上还会遇到这样那样的新情况新课题，还要应对各种可以预料和难以预料的风险与挑战，还要进行新的实践和新的探索。只要我们始终坚持解放思想、实事求是，不断地以新思想、新观点、新论断丰富改革方法论的理论体系，不断赋予改革方法论以新的实践特色、理论特色、民族特色、时代特色，就一定能在改革中不断地完善中国特色社会主义制度，不断地推进国家治理

---

① 《十五大以来重要文献选编》（中），人民出版社 2001 年版，第 1466 页。
② 《习近平谈治国理政》，外文出版社 2014 年版，第 75 页。
③ 刘云山：《加强和改善党对全面深化改革的领导》，《人民日报》2013 年 11 月 19 日。
④ 《习近平谈治国理政》，外文出版社 2014 年版，第 67 页。

体系和治理能力的现代化。

二、顶层设计与基层创新

　　社会是一个复杂的大系统，顶层和基层，构成社会大系统的两个方面。改革，一方面连接着顶层，另一方面对接着基层。"顶层设计"是从高端规划改革的时间表、路线图，是战略层面的设计；"基层创新"是从一线贯彻改革的战略部署，是战术层面的创新。顶层设计侧重科学性、前瞻性、指导性，给基层改革留足施展空间；基层实践讲究实效性、管用性、可操作性，为顶层设计提供一线资料和支撑。顶层设计为基层创新提供方向和保证，基层创新为顶层设计提供依据、积累经验。顶层设计与基层创新只有双轮驱动、双向互动，才能确保改革取得实效。"顶层设计"没做好，基层改革很可能就是各自为战、一盘散沙，不解决根本问题；反之，"基层实践"不接地气，无新招，那"顶层设计"就无法落地，沦为一纸空文。顶层设计自上而下，亟需与基层保持良性互动，汇聚自下而上的动力，呼应基层的改革意愿；基层改革自下而上，亟需对接顶层设计的改革蓝图，注入自上而下的推力，呼应中央的改革部署。脱离顶层设计的宏观指导，必然导致基层实践的盲目性、随意性；脱离基层创造的丰富经验，则难以避免顶层设计的乌托邦色彩。

　　顶层设计是谋划改革的重要方法。改革是一项复杂的系统工程，需要加强顶层设计和整体谋划，加强各项改革的关联性、系统性、可行性研究。顶层设计重点在于谋划改革的总体思路、总体原则、总体安排，制定一揽子方改革案，顶层设计体现的是改革的共同属性、普遍特征。习近平总书记指出，全面深化改革的顶层设计胆子要大、步子要稳，"其中步子要稳就是要统筹考虑、全面论证、科学决策。经济、政治、文化、社会、生态文明各领域改革和党的建设改革紧密联系、相互交融，任何一个领域的改革都会牵动其他领域，同时也需要其他领域改革密切配合。如果各领域改革不配套，各方面改革措施相互牵扯，全面深化改革就很难推进下去，即使勉强推进，效果也会大打折扣。"①

　　基层创新是改革落地的重要方法。基层为改革落地的关键一环，习近平总书记在主持中央全面深化改革领导小组第十七次会议时强调："中央通过的改革方案落地生根，必须鼓励和允许不同地方进行差别化探索。全面深化改革任务越重，越要重视基层探索实践。要把鼓励基层改革创新、大胆探索作为抓改革落地的重要方法，坚持问题导向，着力解决好改革方案同实际相结合的问题、利益调整中的阻力问题、推动改革落实的责任担当问题，把改革落准落细落实，使改革更加精准地对接发展所需、基层所盼、民心所向，更好造福群众。"② 顶层设计固然重要，基层创新也不可轻视。基层改革的原则和目标必须对准顶层设计，在"顶层设计"的指引下进行，否则就会碎片化；但具体实施要考虑到地域差异、文化差异，因地制宜，因时制宜，不宜搞一刀切。习近平总书记强调，基

① 《习近平谈治国理政》，外文出版社 2014 年版，第 88 页。
② 《鼓励基层改革创新大胆探索　推动改革落地生根造福群众》，《人民日报》2015 年
　　10 月 14 日。

层改革要"聚焦具体问题，细化措施，细分责任，细排时间，把握好政策界限范围、尺度、节奏"。① 基层改革的一个主要特征就是"摸着石头过河"。"摸着石头过河就是摸规律，从实践中获得真知"。② 改革是一个过程，对改革必然性的发现也是一个过程，我们对改革的认识推进到哪里，改革实践就推进到哪里。任何时候，我们都不可能穷尽对改革的认识，改革的必然王国都会存在，改革的未知领域都会存在，都需要摸索着前进。改革风险越大，不可控因素越多，"摸着石头过河"越是不能掉以轻心。因此，从哲学的高度来看，"摸着石头过河"过去有用，今天有用，将来也有用。

要坚持"顶层设计"与"基层创新"相结合的辩证改革观。"顶层设计"同"基层创新"相辅相成，强调"顶层设计"的重要性，并不意味着削弱乃至否定"基层创新"；强调"基层创新"的重要性，也不意味着不需要"顶层设计"。习近平总书记说："摸着石头过河和加强顶层设计是辩证统一的，推进局部的阶段性改革开放要在加强顶层设计的前提下进行，加强顶层设计要在推进局部的阶段性改革开放的基础上来谋划。"③"要加强宏观思考和顶层设计，更加注重改革的系统性、整体性、协同性，同时也要继续鼓励大胆试验、大胆突破，不断把改革开放引向深入。"④ 顶层设计始于基层实践。基层大胆试验、小心试错，为顶层设计创造积累新鲜经验。基层改革中发现的问题、解决的方法、蕴含的规律，要及时上升为理

---

① 《鼓励基层改革创新大胆探索　推动改革落地生根造福群众》，《人民日报》2015 年 10 月 14 日。
② 《习近平谈治国理政》，外文出版社 2014 年版，第 68 页。
③ 《习近平谈治国理政》，外文出版社 2014 年版，第 68 页。
④ 《习近平谈治国理政》，外文出版社 2014 年版，第 68 页。

性认识，转化为指导全局工作的政策、法律、规章、制度。来自基层的微观实践，成为顶层设计取之不竭、用之不尽的灵感源泉。顶层设计高于基层实践。顶层设计不是简单地在"空间"上将基层经验推而广之，也不是基层经验的简单叠加，而是在更高层面的宏观统筹和总体设计，简单复制的结果只能是"囫囵吞枣""南橘北枳"。今天，改革已经进入攻坚期、深水区，一方面要更加注重改革的"顶层设计"，为改革提供指导、保驾护航；另一方面也要更加注重改革的"基层创新"，为改革积累经验、打开局面；要善于从顶层设计中谋划改革的方针政策，也要善于从基层实践中完善改革的政策主张。

三、市场作用与政府作用

坚持社会主义市场经济改革方向，核心问题是处理好政府与市场的关系。这里要讲两句话：一句话是"使市场在资源配置中起决定性作用"，另一句话是"更好地发挥政府的作用"。但现在有些人只讲前面一句话，不讲后面一句话，这是片面的。当然，也有少数人只讲后面一句话，不讲前面一句话，这更是错误的。改革要讲两句话，防止任何一种片面性。

"管"与"放"的问题，说到底是"政府"与"市场"的关系问题。政府与市场，宏观调控与市场调节，是驾驭现代经济运行的"两只手"。这"两只手"，没有哪只手是多余的，没有哪只手是无关紧要的。宏观调控这只手意味着"管"，但不等于管得越多越好；

市场调节这只手意味着"放",但不等于不管。市场不是万能的,市场不能管、管不了的交给政府;政府不是全能的,政府不能管、管不好的交给市场。这就是"管"与"放"的辩证法。

"管"与"放"的实质是权力的博弈,背后凸显的是政府的权力边界问题。处理好"管"与"放"的关系,关键是厘清哪些事情该管,哪些事情不该管;哪些领域要管,哪些领域要放;守住权力的界限,有权不可越界,有权不可懈怠,有权不可任性。改革从某种意义上说就是对"权力"本身的改革,重新为权力立法,为权力划界。

改革要把握好"管"与"放"的张力,拿捏好"管"与"放"的力度,坚持有管有放,管要管到位,放要放到位;坚持有进有退,缺位的要补上,越位的要退出。理顺政府与市场的关系,各级政府"该管的事一定要管好、管到位,该放的权一定要放足、放到位,坚决克服政府职能错位、越位、缺位现象"。①

市场作用和政府作用,两手都要用。邓小平同志早就指出,计划与市场都是经济调节的手段和资源配置的机制,与社会制度无关。计划经济不等于社会主义,资本主义也有计划;市场经济不等于资本主义,社会主义也有市场。习近平总书记在主持政治局第十五次集体学习时指出:在市场作用和政府作用的问题上,要讲辩证法、两点论,"看不见的手"和"看得见的手"都要用好,努力形成市场作用和政府作用有机统一、相互补充、相互协调、相互促进的格局,推动经济社会持续健康发展。各级干部特别是领导干部要"成为善于驾驭政府和市场关系的行家里手"。② 我们既要用好

---

① 《习近平谈治国理政》,外文出版社 2014 年版,第 118 页。
② 《习近平谈治国理政》,外文出版社 2014 年版,第 118 页。

"市场"这只手，"使市场在资源配置中起决定性作用"，① 把市场能管的、该管的交给市场，让"看不见的手"在微观经济活动中展示力量、发挥作用；也要用好"政府"这只手，"更好地发挥政府作用"，② 把市场管不了、管不好的事情管起来，让"看得见的手"在宏观经济管理层面展示力量、发挥作用。市场不是万能的，市场也会失灵。因此，习近平总书记强调，市场在资源配置中起决定性作用，并不是起全部作用。同样，政府也不是万能的，政府也可能失误。因此，习近平总书记指出："更好发挥政府作用，不是要更多发挥政府作用，而是要在保证市场发挥决定性作用的前提下，管好那些市场管不了或管不好的事情。"③

市场作用和政府作用，二者是相互配合、互相补位、有机统一的，而不是相互否定、相互对抗的，不能把二者割裂开来、对立起来，"既不能用市场在资源配置中的决定性作用取代甚至否定政府作用，也不能用更好发挥政府作用取代甚至否定使市场在资源配置中起决定性作用"。④

四、改革发展稳定

改革、发展、稳定是我国社会主义现代化建设的三个重要支

---

① 《习近平谈治国理政》，外文出版社 2014 年版，第 75 页。
② 《习近平谈治国理政》，外文出版社 2014 年版，第 75 页。
③ 中共中央宣传部编：《习近平总书记系列重要讲话读本》，学习出版社、人民出版社 2016 年版，第 150 页。
④ 《习近平谈治国理政》，外文出版社 2014 年版，第 117 页。

点。实现改革发展稳定的统一，是关系我国社会主义现代化建设全局的重要指导方针。

改革是经济和社会发展的强大动力，是社会主义制度的自我完善和发展。改革是社会基本矛盾运动的结果，也是解决社会矛盾的主要形式。任何社会都需要改革，改革伴随人类社会的始终。在古代，商鞅变法为秦王朝的统一霸业奠定基础，王安石变法为北宋的经济社会发展积蓄能量；在近代，马丁·路德倡导的宗教改革为资本主义发展开辟道路，明治维新为日本崛起扫清障碍；在当代，罗斯福新政带领西方世界摆脱了经济大萧条的阴霾，邓小平的改革引领中国大踏步赶上时代。社会主义社会不是一种一成不变的东西，它和封建社会、资本主义社会一样，和任何其他社会形态一样，只能"看成是经常变化和改革的社会"。[①] 邓小平同志反复强调，不改革，只有死路一条。只有坚定不移地推进改革，才能为经济社会发展提供源源不断的动力。

发展是硬道理，是党治国理政的第一要务，是解决中国所有问题的关键。中国特色社会主义进入新时代，但我国处于并将长期处于社会主义初级阶段的基本国情没有变，我国是世界上最大发展中国家的国际地位没有变，我国发展仍然处于不平衡不充分的基本状况，这是我们党始终扭住"发展"不放松的基本依据。只有抓住发展这个第一要务，才能不断增强综合国力和国际竞争力，更好地解决前进中的矛盾和问题。

稳定是硬任务，是改革和发展的前提。改革和发展要有稳定

---

① 《马克思恩格斯全集》第37卷，第443页。

的政治和社会环境。邓小平指出："中国的问题，压倒一切的问题是，没有稳定的环境，什么都搞不成。"① 习近平多次强调没有稳定的社会政治环境，一切改革发展都无从谈起，再好的规划和方案都难以实现，已经取得的成果也会失去。这是由中国的改革实践所证明了的真理，也是由世界上一切国家的经验教训所宣示的基本结论。只有坚定不移维护稳定，才能为改革发展创造有利条件。

改革、发展、稳定，三者应当保持合理张力，实现动态平衡。习近平总书记在主持十八届中央政治局第二次集体学习时指出："稳定是改革发展的前提，必须坚持改革发展稳定的统一。只有社会稳定，改革发展才能不断推进；只有改革发展不断推进，社会稳定才能具有坚实基础。要坚持把改革的力度、发展的速度和社会可承受的程度统一起来，把改善人民生活作为正确处理改革发展稳定关系的结合点"。② 改革开放 40 年来的历史性成就、历史性变革充分证明，只有社会和谐稳定，改革发展才能不断向前推进；只有改革发展不断推进，社会稳定才具有坚实基础。党的十八大以来，我国进入全面深化改革的攻坚期，如何在保持稳定中推进改革发展，在改革发展中保持社会稳定，仍然是一个重大的现实问题。改革、发展、稳定的关系是动态的，不能因为改革中潜藏着风险，就质疑改革；不能因为发展不平衡不充分，就否定发展；也不能因为稳定总是相对的，就无视稳定的极端重要性。

---

① 《邓小平文选》第三卷，人民出版社 1993 年版，第 284 页。
② 《习近平谈治国理政》，外文出版社 2014 年版，第 68 页。

五、中央与地方

中央和地方都是改革的责任主体、实施主体，是推进改革的重要力量。改革，要发挥中央和地方两个积极性。改革，涉及顶层设计、宏观布局、全局性事务方面，需要发挥中央政府的权威，否则地方政府微观理性的行为可能导致宏观不理性的恶果，陷入地方保护主义的泥淖；涉及微观布局、地方性事务方面，需要发挥地方的积极性，否则中央层面的理想设计可能导致地方层面平庸甚至拙劣的改革效果。

"中央"与"地方"，方位不同，权责不同，扮演的角色和发挥的作用自然也不一样。改革要更加注重中央与地方的呼应联动，既要做好从上到下、从中央到地方的筹划部署，也要做好从下到上、从地方到中央的摸索反馈。"该中央统一安排的各地不要抢跑"，[1]该地方主动担当的不要推诿，地方"要按照中央要求来推进，不要事情还没弄明白就盲目推进"。[2]习近平总书记在重庆考察工作时也强调："地方抓改革、推改革，一方面要落实好党中央部署的改革任务，一方面要搞好探索创新。"[3]地方要吃透中央精神，吃透中央制定的重点改革方案，在坚持全国一盘棋的前提下，充分发挥地方的积极性、主动性、创造性，结合地方实际确定改革重点、路径、次序、方法，使地方改革精准对接中央要求、发展所需、基层

---

① 《习近平关于全面深化改革论述摘编》，中央文献出版社 2014 年版，第 49 页。
② 《习近平关于全面深化改革论述摘编》，中央文献出版社 2014 年版，第 49 页。
③ 《习近平谈治国理政》第二卷，外文出版社 2017 年版，第 108 页。

所盼、民心所向。同时，中央也要吃透国情，吃透地方实际，出台的总体性改革方案接地气，能解渴，能落地，在坚持全国一盘棋的情况下，释放给地方尽可能大的施展空间。

中央和地方的关系，核心是权力的授受关系。该中央收紧的权力，承担的责任，一刻也不能放松；该下放地方的权力不含糊，该地方承担的责任不推诿。中央和地方在各自权限范围内协同推进改革，改革越是深入，越要注意协同推进，相向发力，共同做好"改革这篇大文章"。

中央和地方作为改革的行为主体，都要有边界意识，遵守权利的边界。发挥中央的积极性，但要避免垄断权力，包办一切，越界指挥；发挥地方的积极性，但要避免地方政府各自为政，各行其事，大搞"上有政策、下有对策"，肆意打擦边球、搞变通。

六、党的领导与群众创造

习近平总书记在主持十八届中央政治局第二次集体学习时指出："改革开放是亿万人民自己的事业，必须坚持尊重人民首创精神，坚持在党的领导下推进。"[①]这里深刻揭示了党的领导与群众创造之间的辩证关系。

人民群众是改革的实践主体、动力之源。改革开放在认识和实践上的每一次突破和发展，改革开放中每一个新生事物的产生和发

---

① 《习近平谈治国理政》，外文出版社 2014 年版，第 68 页。

展，改革开放每一个方面经验的创造和积累，无不来自亿万人民的实践和智慧。改革开放以来，我们党领导改革的一条宝贵经验就是，"坚持以人为本，尊重人民主体地位，发挥群众首创精神，紧紧依靠人民推动改革。"①任何时候，提高改革决策的科学性，很重要的一条就是要广泛听取群众意见和建议，及时总结群众创造的鲜活经验，将其提升为指导改革的方针和政策，上升为规范改革的法律和规章，上升为凝聚共识的国家意志，指导各个地方、各个领域的面上改革。没有人民的支持和参与，无视群众创造的鲜活经验，任何改革都不可能取得成功。中国是人口大国、经济大国，国情复杂，矛盾和问题复杂多样，但无论遇到什么样的困难和挑战，只要有人民的支持和参与，就没有克服不了的困难，就没有越不过去的坎。中国要飞得高、跑得快，还得靠 13 亿人民的力量。

党是改革的责任主体、领导力量。党是领导一切的。改革，最核心的是坚持和改善党的领导。离开了党的领导，就从根本上离开社会主义市场经济的改革方向，离开了社会主义制度自我完善和发展的改革初衷。党要不断提高领导、谋划、推动、落实改革的能力和水平，改革发展稳定任务越繁重，我们越要加强和改善党的领导，越要保持党同人民群众的血肉联系，善于通过提出和贯彻正确的路线方针政策带领人民前进，善于从人民的实践创造和发展要求中完善政策主张，使改革方案的含金量充分释放出来，使改革发展成果更多更公平惠及全体人民，不断为改革夯实群众基础。党在领导改革的全过程中，要将群众放在最高位置，"切实做到人民有所

---

① 《习近平谈治国理政》，外文出版社 2014 年版，第 97 页。

呼、改革有所应，""做到老百姓关心什么、期盼什么，改革就要抓住什么、推进什么，通过改革给人民群众带来更多获得感"。①

七、改革与法治

习近平总书记指出："改革和法治如鸟之两翼、车之两轮。"②改革和法治，要一体考虑，一体推进，不可偏废。

改革必须尊重宪法法律权威，在宪法法律范围内活动，任何组织和个人都不得有超越宪法法律的特权，任何重大改革都必须于法有据，"在法治下推进改革、在改革中完善法治"。③

法律是改革的准绳，任何时候都必须遵循。改革的特点是变，法律的特点是定。改革在法律边界内进行，不能逾越法律红线，不能碰触法律底线，否则改革就是非法的、无效的；法律为改革保驾护航，现行法律不能成为理性改革的障碍，不能阻碍改革的进程，否则法律就失去了实践的合理性。习近平总书记指出，全面深化改革要"处理好改革与相关法律立改废的关系"，④"改革要于法有据，但也不能因为现行法律规定就不敢越雷池一步，那是无法推进改革的，正所谓'苟利于民不必法古，苟周于事不必循旧'。需要推进的改革，将来可以先修改法律规定再推进"。⑤

---

① 《习近平谈治国理政》第二卷，外文出版社 2017 年版，第 103 页。
② 《习近平谈治国理政》第二卷，外文出版社 2017 年版，第 39 页。
③ 《习近平谈治国理政》第二卷，外文出版社 2017 年版，第 102 页。
④ 《习近平谈治国理政》第二卷，外文出版社 2017 年版，第 97 页。
⑤ 《习近平谈治国理政》第二卷，外文出版社 2017 年版，第 124 页。

　　运用法治思维和法治方式深化改革，不搞以言代法、以权压法，不以改革的名义践踏法律。我们说，"党大还是法大"是一个政治陷阱，是一个伪命题，但权大还是法大却是一个真问题。也就是说，从党的执政地位和领导地位的角度来说，没有党大、法大的问题，但具体到"每个党政组织、每个领导干部必须服从和遵守宪法法律，就不能把党的领导作为个人以言代法、以权压法、徇私枉法的挡箭牌。"①改革，必须在法治的轨道上行使，谋划改革工作要运用法治思维，处理改革难题要运用法治方式，做到在法治之下、而不是法治之外、更不是法治之上想问题、作决策、办事情。

---

① 《习近平谈治国理政》第二卷，外文出版社 2017 年版，第 128 页。

第七章　中国共产党的改革思维论

——改革成功的思维之维

改革是中国的第二次革命，涉及面广、影响深，必须坚持科学的思维方法。如何运用科学的思维方法谋划改革呢？从改革开放40周年的历史经验来看，就是必须突出战略思维，做好顶层设计；突出整体思维，全面推进各项改革；突出协同思维，搞好协调配合；突出底线思维，优化托底推进改革。

一、战略思维："要加强宏观思考和顶层设计"

战略思维是一种高瞻远瞩、总揽各方，从宏观战略上把握事物发展趋势和方向的全局性思维。系统具有鲜明的整体性、关联性、层次结构性、动态平衡性和开放性特征，强调观察和思考问题的宏观战略性。中国的改革是关系党和国家事业发展全局的重大战略部署，不是某个领域某个方面的单项改革。不谋全局者，不足谋一域，要从全局看问题。树立战略思维就要坚持"以重大问题为导向"，①"加强宏观思考和顶层设计"，②坚定信心，增强战略定力。

（一）着眼全局，坚持问题导向

改革是中国特色社会主义自我完善和发展的不竭动力。我国40年的改革开放，为发展注入了前所未有的生机与活力，国家发生了翻天覆地的变化。目前，改革已进入攻坚期和深水区，新一轮改革已从过去"比较单一"过渡到"全面综合"，从"相对容易"过渡到"艰巨复杂"，从"面上突破"过渡到"攻坚深化"，从"效率优先"过渡到"注重公平"。因此，改革必须树立战略思维，把握大局、整体推进。改革是由问题倒逼的，又不断在解决问题中深化，不是为改革而改革。习近平指出："我们中国共产党人干革命、搞建设、抓改革，从来都是为了解决中国的现实问题。"③改革"要有强烈的问题意识，以重大问题为导向，抓住重大问题、关键问题进一步研究思考，找出答案，着力推动解决我国发展面临的一系列突出矛盾和问题。"④"问题意识"就是人们自觉发现和直面问题、全面分析和解决问题的思维和意识。任何改革方案和措施的出台都不能从"想当然"或纯粹的原则和概念出发，

① 《习近平谈治国理政》，外文出版社 2014 年版，第 74 页。
② 《习近平谈治国理政》，外文出版社 2014 年版，第 68 页。
③ 《习近平谈治国理政》，外文出版社 2014 年版，第 74 页。
④ 《习近平关于协调推进"四个全面"战略布局论述摘编》，中央文献出版社 2015 年版，第 57 页。

必须以现实实际问题为导向。从战略上看，改革只有具有强烈的问题意识，以重大问题为导向，这样改革的顶层设计才不会成为"空中楼阁"；只有勇于重视和直面问题，改革措施才能切中要害，釜底抽薪；只有切实解决问题，改革才能取得人民满意的成果和实效。当前，我国经济社会发展中积累的各种问题，如经济的粗放式发展、民主政治建设的滞后、文化软实力偏软、社会建设的短板以及生态环境恶化等，都绝不是某一方面零敲碎打、拾遗补缺就能解决的，必须通过全面深化改革来解决。改革是决定中国命运的一招，改革和发展中的各种矛盾和问题，只有通过深化改革的办法来解决，别无他途。

（二）深谋远虑，加强顶层设计

战略思维就是要胸怀大局、深谋远虑，着眼全局把握大势、着眼未来谋划发展。改革作为战略问题，必须从宏观战略高度来设计和谋划，加强顶层设计。"所谓顶层设计，就是要对经济体制、政治体制、文化体制、社会体制、生态体制作出统筹设计"。[①] 它具有系统性、整体性、前瞻性，要总揽全局，谋划长远，从战略上统筹提出一整套改革措施，为全面改革提供指导性方案。改革不能头痛医头、脚痛医脚"碎片化"，也不能单枪匹马、单打独斗"一支秀"。这就要求我们有博大的胸襟、开阔的视野，顺应历史的潮流，紧跟时代的步伐，站在战略和全局高度高瞻远瞩地谋划和处理改革

---

① 《习近平关于全面深化改革论述摘编》，中央文献出版社 2014 年版，第 32 页。

中的各种问题。党的十八届三中全会对全面深化改革作出了总部署，设计勾画了全面建成小康社会深化各方面改革的时间表、路线图；十八届五中全会则进一步提出了"创新、协调、绿色、开放、共享"五大理念，明确了"十三五"时期我国经济社会发展新的目标要求和任务，一脉相承地完善和细化了改革顶层设计的宏伟蓝图。同时，习近平认为，加强顶层设计决非拍脑袋凭空设计，而要来自于实践探索。"摸着石头过河"与加强顶层设计是辩证的统一。顶层设计是前提，推进局部的阶段性改革开放要在加强顶层设计的前提下进行；"摸着石头过河"是基础，顶层设计要在推进局部的阶段性改革开放的基础上来谋划。离开"摸着石头过河"对改革规律性的探索，顶层设计就会成为"空中楼阁"；离开顶层设计的统筹谋划，改革就会陷入盲目性和碎片化。全面深化改革必须把改革的大局观和改革的实践观统一起来。

（三）坚定信心，增强定力

在复杂多变的国际背景下，在我国社会转型期的全面深化改革中，习近平创造性地提出了战略定力的问题。在十八届中央政治局第三次集体学习时，他强调要"加强战略思维，增强战略定力"。[①]所谓战略定力就是一种坚定不移的立场和"咬定青山不放松"的精神，在重大战略和根本问题上毫不动摇，"任凭风浪起，稳坐钓鱼船"。习近平认为，在改革问题上，我们是有共识的，无论遇到

---

① 《习近平谈治国理政》，外文出版社 2014 年版，第 247 页。

什么样的风险，都要保持战略定力，坚定高举改革开放的旗帜不动摇。他说，"在整个社会主义现代化进程中，我们都要高举改革开放的旗帜，决不能有丝毫动摇"，① 改革开放只有进行时没有完成时。同时，保持战略定力，必须坚持一张蓝图干到底。习近平说："我们党早就估计到，改革开放是一项长期的、艰巨的、繁重的事业，必须一代又一代人接力干下去。"② 党的十八届三中全会对全面深化改革作出了顶层设计和谋划，蓝图既已绘就，关键是要把各项改革的举措落到实处。当前改革已经进入新的历史关头，他强调要高扬锐意改革的精神："推进改革必须一鼓作气、坚定不移，必须坚定信心、增强勇气"。③ 他用了两个"不可"："不可迟疑、不可退缩"④；两个"最大限度"："最大限度集中全党全社会智慧，最大限度调动一切积极因素"⑤；两个"敢于"："敢于啃硬骨头，敢于涉险滩"⑥；两个"破"："冲破思想观念的障碍、突破利益固化的藩篱"⑦ 来推进改革，表明了我们党全面推进和深化改革的信心和决心。作为执政党的共产党人尤其要站在时代最前列，做改革的促进派，下决心打好改革的攻坚战。

---

① 《习近平关于全面深化改革论述摘编》，中央文献出版社 2014 年版，第 10 页。
② 《习近平关于全面深化改革论述摘编》，中央文献出版社 2014 年版，第 4 页。
③ 《习近平关于协调推进"四个全面"战略布局论述摘编》，中央文献出版社 2015 年版，第 64 页。
④ 《习近平关于全面深化改革论述摘编》，中央文献出版社 2014 年版，第 41 页。
⑤ 《习近平关于协调推进"四个全面"战略布局论述摘编》，中央文献出版社 2015 年版，第 64 页。
⑥ 《习近平关于协调推进"四个全面"战略布局论述摘编》，中央文献出版社 2015 年版，第 64 页。
⑦ 《习近平关于协调推进"四个全面"战略布局论述摘编》，中央文献出版社 2015 年版，第 64 页。

二、整体思维："做到全党一盘棋、全国一盘棋"

整体思维是一种注重整体关联、有机统一的系统性思维。系统是由相互联系、相互作用的若干要素所组成的有机整体，系统的性质和功能不是各要素的简单相加，整体功能大于部分之和。因此，我们在观察、分析和处理任何问题时，要始终把整体放在第一位，破除各自为政选择最佳而整体效果最差的"囚徒困境"，在整体观的观照下解决局部问题，以发挥整体的最大功能。改革作为一个复杂的系统，必须"更加注重改革的系统性、整体性、协同性"，①这"三性"深刻揭示了我国改革的特点与难点，是改革的基本遵循。

（一）整体推进，突出重点

改革必须更加注重改革的整体性，这是因为我国改革已由阶段性的局部改革转向整体性的全面改革，改革的影响之广、变革之深、力度之大，都前所未有。在广度上，今天的改革是包括经济、政治、文化、社会、生态"五位一体"，以及党的建设、国防和军队在内的全面改革，各个子系统之间存在着相互联系、相互依存、相互作用的关系，必须注重系统联动、整体配合、协同一致。"因为要解决我们面临的突出矛盾和问题，仅仅依靠单个领域、单个层

---

① 《习近平谈治国理政》，外文出版社 2014 年版，第 68 页。

次的改革难以奏效"。^①"只有既解决好生产关系中不适应的问题，又解决好上层建筑中不适应的问题，这样才能产生综合效应"。^②在深度上，今天的改革是由目标到结果的进一步深入，必须统筹谋划和推进。习近平指出，过去，我们也提出过改革目标，但大多是从具体领域提出的。党的十八届三中全会提出的全面深化改革的总目标是"推进国家体系和治理能力的现代化"，^③是整体性的战略目标。同时，在总目标的统领下我们进一步明确了经济、政治、文化、社会、生态文明体制和党的制度建设深化改革的分目标。总分结合目标的确定，既是改革进程本身向纵深拓展深化的客观要求，也体现了我们党对改革认识的深化和系统化。而且，进入攻坚期和深水区的改革，是触动和突破固化利益藩篱的深层次的改革，过去未曾触及的要触及，未曾打破的要打破，未曾深入的要深入，各种利益相互交织、各类矛盾错综复杂，只有各方权衡，统筹兼顾，才能顺利推进改革，又避免出现较大的震动。在力度上，新一轮推进改革的复杂程度、敏感程度、艰巨程度一点都不亚于40年前。"可以说，容易的、皆大欢喜的改革已经完成了，好吃的肉都吃掉了，剩下的都是难啃的硬骨头。"^④我们只有统筹兼顾，加大力度从整体上推进，改革才能攻坚克难。在习近平看来，坚持整体推进，就要"加强不同时期、不同方面改革配套和衔接，注重改革措施整体效

---

① 《习近平关于协调推进"四个全面"战略布局论述摘编》，中央文献出版社2015年版，第76页。
② 《习近平关于协调推进"四个全面"战略布局论述摘编》，中央文献出版社2015年版，第76页。
③ 《习近平谈治国理政》，外文出版社2014年版，第90页。
④ 《习近平谈治国理政》，外文出版社2014年版，第101页。

果，防止畸重畸轻、单兵突进、顾此失彼。"[1] 但同时要突出重点，"整体推进不是平均用力、齐头并进，而是要注重抓主要矛盾和矛盾的主要方面，注重抓重要领域和关键环节"[2] 来推进各项改革。全面深化改革的重点是经济体制改革，重点领域的改革"牵一发而动全身"，关系改革的全局；核心问题是处理好政府和市场的关系，改革的核心和关键环节"一子落而满盘活"，关系改革的成效。以重点领域和关键环节的改革为突破口，可以对全面深化改革起到牵引和推动作用，实现整体推进和重点突破的统一。

（二）加强研判，统筹谋划

更加注重改革的整体性，就要把握全面深化改革的有机性、全局性和统筹性。为此，习近平强调，要"加强对各项改革关联性的研判，把经济、政治、文化、社会、生态等方面的体制改革有机结合起来，把理论创新、制度创新、科技创新、文化创新以及其他各方面创新有机衔接起来。"[3] 全面改革是有机的整体改革，一揽子改革措施的出台和推进，可能解决我们长期想解决而解决不了的问题，使问题有实质性的突破。比如，如何解决农民增加收入、提高生活质量的问题，随着增加农民的财产性收入，赋予农民更多财产的权利，以及户籍制度的改革，城乡一体化进程的推进等，就会使

---

① 《习近平关于协调推进"四个全面"战略布局论述摘编》，中央文献出版社 2015 年版，第 72 页。

② 《习近平关于协调推进"四个全面"战略布局论述摘编》，中央文献出版社 2015 年版，第 72 页。

③ 《习近平关于全面深化改革论述摘编》，中央文献出版社 2014 年版，第 37 页。

问题有实质性的突破和进展。全面深化改革的关系越复杂，其整体的统筹性和不可分割性就越重要。这就要求我们必须由线性认识转变到非线性的全面认识，由单向突破进入到整体推进，把改革的力度、发展的速度、社会的可承受度有机结合起来，任何单兵独进都可能欲速不达。因此，尤其要加强顶层设计和整体谋划，加强各项改革的关联性、系统性、可行性研究。

（三）凝聚共识，形成合力

改革必须形成整体推进的合力。为了形成整体合力，习近平特别注重凝聚共识，认为这是形成合力的思想前提和心理基础。他指出："人心齐，泰山移。凝聚共识很重要，没有广泛共识，改革就难以顺利推进，也难以取得全面成功。现在，社会结构深刻变动，利益格局深刻调整，思想观念深刻变化，凝聚改革共识难度加大，统筹兼顾各方面利益任务艰巨。这就更需要我们下功夫去凝聚共识。"[1] 因此，他要求，"要做好统一思想、凝聚共识的工作，加强对改革的正面宣传和舆论引导，及时回答干部群众关心的重大思想认识问题。"[2] 习近平还借鉴历史经验说明凝聚共识的重要性。从历史上来看，战国时期的商鞅变法、宋代的王安石变法、明代的张居正变法，以及晚清的"洋务运动"，其推行的改革虽然取得一定成效，但最后都归于失败，有的甚至身败名裂，就与社会能否形成共识密切相关。他还批评这样一种观点，即认为"现阶段深化改革

---

① 《习近平关于全面深化改革论述摘编》，中央文献出版社 2014 年版，第 45 页。
② 《习近平关于全面深化改革论述摘编》，中央文献出版社 2014 年版，第 45 页。

不可能形成共识,甚至把形成改革共识说成是伪命题。"①他说:"不错,现在党内外对深化改革思想认识上有较大差异,但越是思想认识不统一就越要善于寻求最大公约数。"②思想认识有较大差异并不足为怪,关键在于"善于寻求最大公约数",而在坚持改革这个重大问题上全党全社会是有广泛认知的。加强思想引导,团结一切可以团结的力量,调动一切可以调动的积极因素,是完全可以形成共识的。而且认为,这是中国特色社会主义优势的一个方面。因为社会主义坚持集体主义的价值导向,局部服从整体,有着形成广泛社会动员和共识的社会基础。

三、协同思维:"推动各项改革相互促进、良性互动、协同配合"

协同思维是注重各方协同配合、均衡协调发展的有序性思维。协同思维强调对系统各要素进行周密考察,注重系统内部的结构性、有序性和协同性,充分发挥各要素的协同作用,使整个系统处于最佳状态或发挥最大功能。习近平指出:"我们要统筹谋划深化改革各个方面、各个层次、各个要素,注重推动各项改革相互促进、良性互动、协同配合。"③全面深化改革必然使影响"改革函数"的自变量增多,不确定性加大,尤其要处理好系统中各个层级各个要素及其

---

① 《习近平关于全面深化改革论述摘编》,中央文献出版社 2014 年版,第 46 页。
② 《习近平关于全面深化改革论述摘编》,中央文献出版社 2014 年版,第 46 页。
③ 《习近平关于协调推进"四个全面"战略布局论述摘编》,中央文献出版社 2015 年版,第 72 页。

相互关系，注重把握改革措施的耦合性与联动性，学会"弹钢琴"。

（一）相互配合，协同联动

只有相互配合，协同联动系统才能产生优化的整体功能和效果。习近平认为，改革开放是一个系统，必须坚持全面改革，在各项改革协同配合中推进。"每一项改革都会对其他改革产生重要影响，每一项改革又都需要其他改革协同配合。随着改革开放不断深入，改革开放的关联性和互动性明显增强，这就要求我们更加注重各项改革的相互促进、良性互动。"①更加注重改革的协同性，就是要讲究改革的有序性、耦合性和联性。全面深化改革是在党和政府的领导下，有计划、有秩序、有步骤地推进的有序改革，不能各自为政、各行其是。改革中要特别注意各种耦合关系，注重协调性和配合性。全面深化改革的基本内容是"五位一体"，经济体制是全面深化改革的重点，党的建设制度改革是根本政治保障，国防和军队改革是国家安全保障。经济体制改革要当好"主攻手"，其他改革要当好"二传手"和防卫，只有相互默契和配合，才能产生优化的效应和结果。全面深化改革必须注重统筹协调，引导各地区各部门整体推进各领域各环节的改革，注重各项改革举措的关联性、耦合性。而且，这种协同配合不是一成不变的，而是动态发展的，必须讲究联动性。现在的配合并不代表未来的配合，暂时的配合并不代表永远的配合，协同处在不断的联动发展之中。只有加强不同

---

① 《习近平关于协调推进"四个全面"战略布局论述摘编》，中央文献出版社 2015 年版，第 55—56 页。

时期、不同方面改革的配套和衔接，才能不断提高改革的整体效果。习近平强调全面深化改革尤其不能各行其是，"要准确推进改革。该中央统一安排的各地不要抢跑，该尽早推进的不要拖延，该试点的不要仓促面上推开，该深入研究后再推进的不要急于求成，该先得到法律授权的不要超前推进。"① 要协调推进改革，避免畸轻畸重、顾此失彼，避免各行其是、相互掣肘。

（二）补齐短板，协调共振

习近平提出改革要产生协同共振的效果。他说："形成改革合力，最终要体现在各项改革举措协调共振上。政策不配套，实践当中必然疙疙瘩瘩，也就谈不上形成合力。要深入研究各领域改革关联性和各项改革举措耦合性，深入论证改革举措可行性，把握好全面深化改革的重大关系，使各项改革举措在政策取向上相互配合、在实施过程中相互促进、在改革成效上相得益彰，发生化学反应，产生共振效果。"② 这说明，不配套、不协调、不统一，就形不成合力。相互牵扯不仅不能解决问题，还会制造许多新的问题和麻烦，使改革难以深入推进取得实效。而且习近平认为，这种配合、配套不应是形式上的"物理反应"，而应当是本质上的"化学反应"，这样的协同才是水乳交融的协同。这就要求我们必须注重改革的复杂性、层级性和关联性，注重系统的协同共振，最大限度地释放改革的红利。改革涉及方方面面，既有思想观念的更新，也有固化利

---

① 《习近平关于全面深化改革论述摘编》，中央文献出版社 2014 年版，第 49 页。
② 《习近平关于全面深化改革论述摘编》，中央文献出版社 2014 年版，第 44—45 页。

益藩篱的突破，更有体制机制的创新，必须多管齐下，全面协调。同时，改革是从中央到地方、再到基层各层级的改革，从顶层到基层、从上级到下级、从大脑到神经末梢都要有序推进，不能出现"瓶颈"和"中梗阻"。对于"瓶颈"必须突破，对于"中梗阻"必须打通。全面深化改革如果缺乏关联和关照，改革中一个未曾料到的因素就可能产生影响全局的严重后果。

（三）动静得宜，协同共进

习近平认为，协同历来是改革的重要方法论，一时一面的快慢不齐是有的，但不存在总体上的改与不改，要改的都要改，不能改的就要坚定不移地坚持。重大改革都会牵一发而动全身，必须全面考量、协同共进。他强调注意三种改革情况的协同：对看准的改革，要坚决推进，争取早日取得成效带动全盘；对涉及面广泛的改革，要同时配套推进其他改革，聚合各项改革协调推进的正能量；对一时还看得不那么准，同时又必须突破的改革瓶颈，则可以先行试验，"摸着石头过河"，大胆探索取得经验，然后推开。"如果各领域改革不配套，各方面改革措施相互牵扯，甚至相互抵触，全面改革就很难推进下去，即使勉强推进，效果也会打折扣。"[①]为此，习近平强调要"加强对各项改革关联性的研判，努力做到全局和局部相配套、治本和治标相结合、渐进和突破相促进。"[②]一是全

[①]　《习近平关于协调推进"四个全面"战略布局论述摘编》，中央文献出版社 2015 年版，第 72 页。

[②]　《习近平关于全面深化改革论述摘编》，中央文献出版社 2014 年版，第 32 页。

局和局部相配套。改革的全局由局部组成，但又高于局部。有的局部可行但全局不可行的，必须服从全局；有的全局可行而局部不可行的，则不能迁就局部。坚持从全局出发看问题、办事情，是共产党人应有的党性和博大胸怀，也是共产党员先进性的具体体现。二是治本和治标相结合。治标就要力求在短期内取得显著效果，治本就要从制度安排和体制机制上根治和解决问题。全面深化改革，重在"全面"和"深化"，是着眼于治本的。但同时要治标，对改革的"短板"要及时排除，否则就会成为全面改革的障碍。如"打虎拍蝇"的反腐，有力遏制了腐败蔓延的势头，极大提振了人们反腐的信心，但更根本的还在于真正建立健全起教育、制度、监督并重的惩治和预防腐败的体系。三是渐进和突破相促进。全面深化改革"要稳扎稳打，步步为营"，①是渐进性的。但对看准了的问题，要攻坚克难重点突破，不达目的誓不罢休。"'稳'也好，'改'也好，是辩证统一、互为条件的。一静一动，静要有定力，动要有秩序，关键是把握好这两者之间的度。"②

四、底线思维："凡事从坏处准备，努力争取最好的结果"

　　底线思维是守住最低点、争取最大期望值的托底优化性思维。底线思维强调从整体大局出发，把握系统的开放性和多种可能性

---

① 《习近平关于全面深化改革论述摘编》，中央文献出版社 2014 年版，第 49 页。
② 《习近平关于全面深化改革论述摘编》，中央文献出版社 2014 年版，第 49 页。

特征，守住系统质变的临界点，使系统逐步向最佳的优化状态发展。习近平多次强调指出："凡事从坏处准备，努力争取最好的结果，这样才能有备无患、遇事不慌，牢牢把握主动权。"①坚持底线思维，就要把握事物发展的"度"，守住"上限"或"下限"的临界点，促进事物朝主体优化的价值目标努力；就要坚持用"两点论"看问题，要看到机遇和挑战并存，有利和不利同在，成绩和困难都有，充分做好应对最坏情况的准备；就要增强忧患意识和责任意识，居安思危，敢于担当，善于化险为夷。它是内涵辩证法、实践观的系统优化性思维。

（一）坏处准备、好处努力

"从最坏处准备、向最好处努力"，这是我们党在革命、建设、改革中一条极其重要的经验和方法论原则。根据习近平的论述，坚持底线思维，全面深化改革就是要从最难处思考、最坏处准备、最好处努力。从最难处思考，就是要充分认识改革攻坚的难度。全面深化改革要啃剩下、难啃的硬骨头，"停顿和倒退没有出路。现在，推进改革矛盾多、难度大，但不改不行"。②要清醒认识面临的困难和问题，力求把困难挑战考虑得严峻一些，见微知著。从最坏处准备，就是要不回避矛盾，不掩盖问题，客观分析每个可能出现的问题，充分考虑改革可能遇到的风险，着眼最坏情况的出现，准备

① 《习近平总书记系列重要讲话读本》，学习出版社、人民出版社 2016 年版，第 288 页。
② 《习近平关于全面深化改革论述摘编》，中央文献出版社 2014 年版，第 30 页。

好对策，并把应对措施准备得充分一些，在最坏的可能性上建立我们的政策，以防患于未然。这样，即使出现较大风险和问题，有了预案和应对之策，天也不会塌下来。向最好处努力，就是要注重对危机和风险等负面因素进行掌控，坚定信心、鼓足干劲，稳打稳扎，积小胜为大胜，努力争取最好的结果。"对一些重大改革，不可能毕其功于一役，可以提出总体思路和方案，但推行起来还是要稳扎稳打，通过不断努力逐步达到目标，积小胜为大胜。"[1] 当前，面对改革发展中的各种困难和风险，也是考验我们勇气与智慧的时候，这就看我们能不能看到"坏处"、会不会解决"难处"、敢不敢争取"好处"。

（二）守住底线，不越红线

在习近平看来，底线是多方面的，表现在各方面，任何一方面底线的失守或突破都将会导致不良后果甚至全局的失败。从"五位一体"的总体布局来看，经济方面的底线，是必须在保证质量、效益的前提下保持中高发展速度，使社会经济的发展保持在合理的区间。如果经济不发展，一切问题都来了，所以全面深化改革要以经济体制改革为重点。政治领域的底线，就是必须坚持中国特色社会主义政治发展道路，绝不能走改旗易帜的邪路和封闭僵化的老路。"改革是社会主义制度自我完善和发展，怎么改，改什么，有我们的政治原则和底线，要有政治定力。"[2] 思想文化上

---

① 《习近平关于全面深化改革论述摘编》，中央文献出版社 2014 年版，第 41 页。
② 《习近平关于全面深化改革论述摘编》，中央文献出版社 2014 年版，第 49 页。

的底线，是必须坚持马克思主义在意识形态领域的指导地位，加强社会主义核心价值体系和价值观建设，在大是大非和原则问题上，一定要旗帜鲜明，立场坚定。社会领域的底线，是必须守住保障群众基本生活这条民生底线，抓好就业这个"民生之本"，"全面深化改革必须以促进社会公平正义、增进人民福祉为出发点和落脚点。"① 生态文明建设的底线，是不跨越保护环境的"生态红线"。习近平强调，在生态环境问题上，就是不能越雷池一步，否则就应该受到惩罚。从国家治理手段和能力来看，是必须坚守政策底线、法律底线和道德底线。改革的各项政策是全面深化改革的基本手段，是党和国家的生命。坚守政策底线，要求各地各部门不能搞"选择性改革"，合意的执行，不合意的就不执行，更不能搞上有政策、下有对策。法律是改革不可逾越的底线，所有改革都应在法律的框架下进行，各项改革举措也要在法律的轨道上运行。习近平指出，"在整个改革过程中，都要高度重视运用法治思维和法治方式，发挥法治的引领和推动作用"，② 全面推进依法治国是全面深化改革的法制保障。道德底线是人们公认的不可逾越的道德准则和规范，改革无论怎样改，必须坚持社会主义核心价值观。面向市场的改革绝不能让唯利是图、坑蒙拐骗、制假售假、贪赃枉法的失德丧德行为大行其道。习近平强调："国无德不兴，人无德不立。一个民族、一个人能不能把握自己，很大程度上取决于道德价值。"③ 从领导干部从政来看，则必须坚守"为民、务

---

① 习近平：《切实把思想统一到党的十八届三中全会精神上来》，《求是》2014 年第 1 期。
② 习近平：《把抓落实作为推进改革工作的重点真抓实干蹄疾步稳求实效》，《人民日报》2014 年 3 月 1 日。
③ 《习近平关于全面深化改革论述摘编》，中央文献出版社 2014 年版，第 88 页。

实、清廉"的底线。为民是领导干部必须坚守的宗旨，务实是领导干部必须弘扬的作风，清廉是领导干部不可踩踏的红线。习近平强调，要有边界意识，"对违规违纪、破坏法规制度踩'红线'、越'底线'、闯'雷区'的，要坚决严肃查处，不以权势大而破规，不以问题小而姑息，不以违者众而放任，不留'暗门'、不开'天窗'，坚决防止'破窗效应'。"①

（三）划清界限，把握方向

习近平还从方法论视角分析和论述了如何划清界限，坚守底线思维，把握改革的方向和临界点。一是必须谨慎从事，不能"犯颠覆性错误"。改革最重要的底线是不能犯颠覆性的错误。习近平反复强调："'治大国若烹小鲜。'我国是一个大国，决不能在根本性问题上出现颠覆性错误，一旦出现就无法挽回、无法弥补。"②他一方面强调搞改革要大胆探索，不可能都四平八稳，没有任何风险，该干的要大胆干；另一方面又强调改革必须小心谨慎，如履薄冰，改革不仅要加强顶层设计，而且改革举措要反复研究、反复论证，尤其不能犯颠覆性的错误。二是重大改革必须于法有据，不能随便"翻烧饼"。"我们的政策举措出台之前必须经过反复论证和科学评估，力求切合实际、行之有效、行之久远，不能随便'翻烧饼'。"③翻烧饼的改革，今天这样，明天那

---

① 《习近平关于严明党的纪律和规矩论述摘编》，中央文献出版社、中国方正出版社2016年版，第90页。

② 《习近平关于全面深化改革论述摘编》，中央文献出版社2014年版，第42页。

③ 《习近平关于全面深化改革论述摘编》，中央文献出版社2014年版，第42页。

样，后天又折回来，朝令夕改，翻来覆去，反复无常，虎头蛇尾。这种瞎折腾的改革不仅劳民伤财，贻误时机，还会动摇人民群众的改革信心，是长官意志的典型表现。因此，习近平强调要确保在法治的轨道上推进改革。"凡属重大改革要于法有据，需要修改法律的可以先修改法律，先立后破，有序进行。有的重要改革举措，需要得到法律授权的，要按法律程序进行。"① 只有坚持依法办事，才能避免长官意志，避免随便"翻烧饼"和瞎折腾。三是必须把握改革规律，不能"脚踩西瓜皮"。改革作为伟大革命和变革，有其内在的规律性。"能变的大胆地变，不能变的坚决不变；不因变而失了方寸、乱了阵脚，不因不变而停滞不前、一潭死水"。② 发挥主观能动性必须建立在对客观规律的科学认识和把握的基础上。习近平强调："要按照已经认识到的规律来办，在实践中再加深对规律的认识，而不是脚踩西瓜皮，滑到哪里算哪里"。③ 他强调把握规律，"研究、思考、确定全面深化改革的思路和重大举措，刻舟求剑不行，闭门造车不行，异想天开更不行，必须进行全面深入的调查研究。"④ 刻舟求剑，把今天的改革等同于过去的改革，不能与时俱进，就会贻误改革；闭门造车，脱离实际制定蓝图、措施搞改革，只会南辕北辙；异想天开，守株待兔坐等改革成果，只能是竹篮打水一场空。全面深化改革要遵从社会发展客观规律来推进改革，适应我国社会基本矛盾运

---

① 《习近平关于协调推进"四个全面"战略布局论述摘编》，中央文献出版社 2015 年版，第 73 页。
② 陈曙光：《理解"中国模式"的方法论原则》，《求是》2014 年第 12 期。
③ 《习近平关于全面深化改革论述摘编》，中央文献出版社 2014 年版，第 43 页。
④ 《习近平关于全面深化改革论述摘编》，中央文献出版社 2014 年版，第 37 页。

动的变化来推进社会发展。

　　总之，改革是一项未完成的事业。我们不仅要看到需要坚守的一面，而且要看到需要改革的一面，始终坚持科学的改革方法论，积极稳妥而又扎实有效地把全面深化改革推向前进。

第八章　中国共产党的改革艺术

——改革成功的辩证智慧

　　方法决定看法，方法决定做法，方法决定成败。改革的任务越是繁重，越是需要坚持正确的改革方法论；改革的头绪越是繁多，越是需要遵循科学的改革辩证法。中国改革之所以取得成功，在改革艺术和改革策略方面照辩证法办事，也是一个不可忽略的因素。

一、一与多：每个国家都面临改革，但各有各的改法

　　"改革"是各个国家的共同任务，这是不可避免的，但是各个民族的改法却不会完全一样，在改革的战略重点、主攻方向、方式方法、优先顺序、原则方针上，在改什么、不改什么，先改什么、后改什么，重点改什么、其次改什么，怎么去改、改得怎么样等问题上，每个民族都会有自己的特点。中国有 960 万平方公里国土，

有 5000 年文明史，有 13 亿人口，试问谁可以教会中国该做什么、不该做什么，该怎么做、不该怎么做。中国不能关起门搞改革，但也无法照搬西方的改革模式。世界上不存在放之四海而皆准的改革套路，"西方的改革模式"中被证明是有效的东西，绝不意味着可以无条件地"套用"于中国。中国与西方在推进市场化改革的政策主张上存在耦合之处，但是，所有这些政策主张都不是从西方原封不动地搬过来的，改革"要学习和借鉴外国经验，但是，照抄照搬别国经验、别国模式，从来不能得到成功"。习近平总书记在比利时欧洲学院发表演讲时指出："中国和欧盟都在经历人类历史上前所未有的改革进程，都在走前人没有走过的路。"[①] 中欧应尊重对方自主选择的改革道路，借鉴对方的改革经验，不将自己的改革模式强加于人。"世界是多向度发展的，世界历史更不是单线式前进的。中国不能全盘照搬别国的政治制度和发展模式，否则的话不仅会水土不服，而且会带来灾难性后果。"[②] 中国拥有独特的文化传统、独特的历史命运、独特的现实国情，这些都注定了中国只能走适合自身特点的改革发展道路。

中国的改革不是向西方模式靠拢，不是要改成西方的模样；中国的改革也不是苏东模式的翻版，不是要重蹈"苏东剧变"的覆辙。中国特色的改革方法论是中国对人类文明宝库的又一重要贡献，是当代中国人的宝贵精神财富。西方有人秉持"除了资本主义别无出路"的先验逻辑，试图以西式现代化引领中国的改革方向，

---

① 《习近平谈治国理政》，外文出版社 2014 年版，第 283 页。
② 习近平：《出席第三届核安全峰会并访问欧洲四国和联合国教科文组织总部、欧盟总部时的演讲》，人民出版社 2014 年版，第 45 页。

以西方的好恶审视中国的改革成败，以西方的改革模式规范中国的改革动作，这就违背了"一"与"多"的辩证法。

二、上与下：改革既要"顶层设计"，也要"摸着石头过河"

"上"与"下"，在这里意指"顶层"与"基层"、"中央"与"地方"。"上"与"下"，方向不同，方位不同，扮演的角色和发挥的作用自然也不一样。"上"与"下"的联动，既包括从上到下、从中央到地方的筹划部署，也包括从下到上、从地方到中央的摸索反馈。"顶层设计"与"摸着石头过河"是改革的重要方法。顶层设计，主要是设计改革蓝图、规划改革步骤、明确改革方向，制定改革的时间表、路线图；"摸着石头过河"，主要是摸市场规律、摸执政规律，摸经济形势、摸社会脉动，摸中国国情、摸世界大势。"顶层设计"与"摸着石头过河"，一个都不能放松。

全面深化改革，仍然需要"摸着石头过河"。"摸着石头过河"，是富有中国特色、符合中国国情的改革方法。然而，有人说，改革刚刚起步时，人们对社会主义市场经济、对社会主义改革的认识还相当有限，"摸着石头过河"有其必要性。但今天的改革已经进入深水区、攻坚期，"水流"越来越急，"漩涡"越来越多，危险越来越大，如果还是摸着石头前行就有可能被激流拍到沙滩上。因此，全面深化改革的关键是强化"顶层设计"和"理论先行"，"摸着石头过河"已经过时了。其实，这种论调是肤浅的。习近平总书记指出："摸着石头过河就是摸规律，从实践中获得真知。"①改革实践是一个过程，对改革的认识也是一个过程，我们对改革的认识推进到哪里，改革实践就推进到哪里。任何时候，我们都不可能穷尽对改革的认识，改革的必然王国都会存在，改革的未知领域都会存在，都需要摸索着前进。改革风险越大，不可控因素越多，"摸着石头过河"越是不能掉以轻心。从这个意义上来说，"摸着石头过河"过去有用，今天有用，将来也有用。

全面深化改革，需要坚持"顶层设计"与"摸着石头过河"相结合。"顶层设计"同"摸着石头过河"并非不能相容，强调"顶层设计"的重要性，并不意味着削弱乃至否定"摸着石头过河"；强调"摸着石头过河"没有过时，也不意味着不需要"顶层设计"。习近平总书记曾深刻论及二者的辩证关系，他说："摸着石头过河和加强顶层设计是辩证统一的，推进局部的阶段性改革开放要在加强顶层设计的前提下进行，加强顶层设计要在推进局部的阶段性改革开放的基础上来谋划。"②"顶层设计"是在"摸着石头过河"取得经验的基础上进行的，否则就是闭门造车；"摸着石头过河"是在"顶层设计"的指引下进行的，否则就会碎片化。"要加强宏观思考和顶层设计，更加注重改革的系统性、整体性、协同性，同时也要继续鼓励大胆试验、大胆突破，不断把改革开放引向深入。"③

中央和地方，顶层和基层，都存在"顶层设计"的问题，也都存在"摸着石头过河"的问题。有人讲"顶层设计"是中央的事，

---

① 《习近平谈治国理政》，外文出版社2014年版，第68页。
② 《习近平谈治国理政》，外文出版社2014年版，第68页。
③ 《习近平谈治国理政》，外文出版社2014年版，第68页。

基层不存在"顶层设计";"摸着石头过河"是基层的事，中央无需"摸着石头过河"。笔者以为这种看法是片面的。全面深化改革的总体思路、总体安排当然需要中央拿主意，进行"顶层设计"，但是改革已经步入攻坚期和深水区，面临的矛盾错综复杂，许多问题牵一发而动全身，中央在一些方面也仍然需要"摸着石头过河"。基层为改革落地的关键一环，"摸着石头过河"是基本的改革方法论，但是，地方也有地方的全局性问题，也需要进行总体性设计。可见，不管是中央还是地方都需要处理好"顶层设计"与"摸着石头过河"的关系，更加注重改革的"顶层设计"，为改革提供指导、保驾护航；更加注重改革的"摸索创新"，为改革积累经验、打开局面；更加注重"顶层设计"同"基层创新"的紧密配合，既要善于从高处的运筹帷幄中谋划改革的方针政策，也要善于从基层的实践创造中完善改革的政策主张；更加注重"上"与"下"的呼应联动，"充分发挥中央和地方两个积极性"，[1]"该中央统一安排的各地不要抢跑"，该地方主动担当的不要推诿，地方"要按照中央要求来推进，不要事情还没弄明白就盲目推进"。[2]

三、"变"与"稳"：能改的大胆地改，不能改的坚决不改

"变"与"稳"既对立又统一，变中有不变，不变中有变。"变"

① 《江泽民文选》第二卷，人民出版社 2006 年版，第 73 页。
② 《习近平关于全面深化改革论述摘编》，中央文献出版社 2014 年版，第 49 页。

是无条件的、永恒的、绝对的,"不变"是有条件的、暂时的、相对的。在绝对的变异中总有某些相对稳定的、不变的东西,在相对的稳态中也总有某些变动着的东西。一成不变的改革不称其为改革,瞬息万变的改革在现实中也是行不通的。

改革既有"变"的一面,也有"不变"的一面。"变"是活力,"稳"是定力。能变的大胆地变,不能变的坚决不变;不因变而失了方寸、乱了阵脚,不因不变而停滞不前、一潭死水。有人认为,改革就是"变",不变还能是改革?其实这种看法是片面的。还有一些人看到某些东西没有变,或变得不够大、不够快,变得不符合自己的预期,就质疑改革,这也是不符合辩证法的。"变"必须在"稳"的前提下进行,以变求稳,如果以"稳"为代价求变求新,则只能会乱套,这方面的惨痛教训实在是太多了。习近平总书记在2013 年中央经济工作会议上强调:"'稳'也好,'改'也好,是辩证统一、互为条件的。一静一动,静要有定力,动要有秩序,关键是要把握好这两者之间的度。"①回首过去,中国的改革开放事业之所以取得成功,一个重要原因就在于有所变,有所不变,能变的大胆地变,不能变的不瞎变。然而,几乎同一时间启动改动进程的戈尔巴乔夫则以失败告终,一个重要原因就是不懂得"变"与"稳"的辩证法,饥不择食、乱开药方,一味求变而忽略不能变的一面,导致整个社会的"无序",其结果就是改革变成了改向,变革成为了变色,把自己的执政地位也给"革"掉了。今天,站在新的历史起点上,全面深化改革面临的情势更加复杂,更需要我们把握好

---

① 《习近平关于全面深化改革论述摘编》,中央文献出版社 2014 年版,第 49 页。

"变"与"稳"的辩证法，不能不变，也不能乱变。

全面深化改革既是一个新事物，又不是一个新事物，"稳"中有"变"的一面，"变"中有"稳"的一面。具体来说，改革不是改制，"改革是社会主义制度自我完善和发展，怎么改、改什么，有我们的政治原则和底线，要有政治定力"①；改革不是改向，要"保持战略定力"，坚持"社会主义市场经济改革方向"；改革要循序渐进，"坚持改革的力度、发展的速度和社会可承受的程度相统一"②；改革要有定力，"我国国家治理体系需要改进和完善，但怎么改、怎么完善，我们要有主张、有定力"③；改革不能乱套，"中国是一个大国，决不能在根本性问题上出现颠覆性错误"④；改革不能瞎改，"科学社会主义基本原则不能丢，丢了就不是社会主义"⑤；改革要胆大步稳，"提出改革举措当然要慎重，要反复研究、反复论证，但也不能因此就谨小慎微、裹足不前，什么也不敢干、不敢试"，⑥ 等等，习近平总书记的这些论断都体现了"变"与"稳"相结合的哲学智慧。

现在，国内外有人企图将中国的改革引导到否定社会主义制度的方向去，把改革定义为往西方的市场经济、西方的发展模式、西方的政治制度、西方的"普世价值"方向改，否则就是假改革、不

① 《习近平关于全面深化改革论述摘编》，中央文献出版社 2014 年版，第 49 页。
② 习近平：《干在实处走在前列：推进浙江新发展的思考与实践》，中共中央党校出版社 2014 年版，第 85 页。
③ 《习近平关于全面深化改革论述摘编》，中央文献出版社 2014 年版，第 21 页。
④ 《习近平关于全面深化改革论述摘编》，中央文献出版社 2014 年版，第 42 页。
⑤ 《习近平谈治国理政》，外文出版社 2014 年版，第 22 页。
⑥ 《习近平关于协调推进"四个全面"战略布局论述摘编》，中央文献出版社 2015 年版，第 63 页。

改革、反改革，就是"左"。对此，习近平总书记掷地有声地予以回答："我们党领导的改革历来是全面改革。问题的实质是改什么、不改什么，有些不能改的，再过多长时间也是不改，不能把这说成是不改革。我们不断推进改革，是为了推动党和人民事业更好发展，而不是为了迎合某些人的'掌声'，不能把西方的理论、观点生搬硬套在自己身上。"①全面深化改革的总目标包含两句话，一句是完善和发展中国特色社会主义制度，另一句是推进国家治理体系和治理能力现代化，这两句话是一个统一的整体，不能只讲一句话，更不能将其割裂开来、对立起来。任何时候，中国的改革都是行走在社会主义方向和道路上的改革，推进国家治理体系和治理能力现代化，绝不是西方化、资本主义化！

四、"底"与"顶"：从坏处准备，争取好的结果

"底"是边界，是底线；"顶"是理想，是目标。"底"与"顶"的辩证法，指的是度的两端的关节点的对立统一，即通过"保底""守底"，逐步达到"顶点""目标"，也即"有守"与"有为"的辩证统一，此谓"守乎其低而争乎其高"。坚持"底"与"顶"的结合，关键是坚持"底线思维"。"底线"是不可逾越的警戒线、是事物质变的临界点。"底线思维"就是要敬畏底线，守住底线。古人讲"君子安而不忘危，存而不忘亡，治而不忘乱，是以身安而

---

① 《习近平关于全面深化改革论述摘编》，中央文献出版社 2014 年版，第 20 页。

国家可保也"，说的就是这个道理。

全面深化改革既要守住底线，也要守望高线。这条"底线"就是：方向是底线，改革不能改向，社会主义市场经济的改革方向不能动摇；基本制度是底线，改革不能改制，社会主义制度不能动摇；大局稳定是底线，改革不能乱套，不能犯颠覆性错误；群众利益是底线，改革不能与民争利，紧紧依靠人民推进改革。这条"高线"就是党的十八届三中全会提出的全面深化改革总目标，是两句话组成的一个整体，即完善和发展中国特色社会主义制度、推进国家治理体系和治理能力现代化。"前一句规定了根本方向，我们的方向就是中国特色社会主义道路，而不是其他什么道路。后一句规定了在根本方向指引下完善和发展中国特色社会主义制度的鲜明指向。两句话都讲，才是完整的。"[1] 这个简洁鲜明的总目标，同党的十八大报告关于"构建系统完备、科学规范、运行有效的制度体系，使各方面制度更加成熟更加定型"[2] 相比，更加清晰具体。此外，涉及每一具体领域、具体行业的改革又有各自的底线与边界，也有各自的理想与目标。

当前，我国的改革进入深水区、攻坚期，在全面深化改革过程中如何管控风险、守住底线，是决定改革能否达到理想目标的前提。习近平总书记反复强调，要善于运用底线思维的方法，凡事从坏处准备，努力争取最好的结果，做到有备无患、遇事不慌，牢牢把握主动权。全面深化改革要坚持底线思维，从底线出发，逐步逼近顶点。全面深化改革要敬畏底线，以底线思维划定边界，不越雷

---

① 《十八大以来重要文献选编》（中），中央文献出版社 2016 年版，第 63 页。
② 《习近平谈治国理政》，外文出版社 2014 年版，第 10 页。

池半步，一旦突破底线，不仅无法达到改革的目的，还会带来不可挽回的损失。全面深化改革也要追求高线，以高线引领改革方向，让改革再上一层楼，发展更上一重天。

五、"点"与"面"：改革既要整体推进，也要重点突破

"点"即构成事物的关键环节、局部，"面"即事物的整体、全局。整体和局部不可分割，整体是由部分构成，部分是整体的部分，整体统帅局部，局部制约整体。认识事物，既要把握事物的局部，但更重要的是把握事物的一切方面、一切联系，把握事物的整体。想问题、办事情、做决策，既要从整体着眼，树立全局观念和战略思维，也要重视局部的作用，搞好局部，优化结构，使整体功能得到最大发挥。

全面深化改革，着眼于"全面"，功夫在"重点"。"重点"抓得准不准，关乎改革的成败。习近平总书记在政治局第二次集体学习时指出："改革开放是一个系统工程，必须坚持全面改革，在各项改革协同配合中推进。改革开放是一场深刻而全面的社会变革，……每一项改革都会对其他改革产生重要影响，每一项改革又都需要其他改革协同配合。……这就要求我们更加注重各项改革的相互促进、良性互动。……整体推进，重点突破，形成推进改革开放的强大合力。"①

---

① 《习近平关于协调推进"四个全面"战略布局论述摘编》，中央文献出版社2015年版，第55—56页。

习近平总书记还强调指出："全面深化改革是关系党和国家事业发展全局的重大战略部署，不是某个领域某个方面的单项改革。"①古人讲"得其大者可以兼其小"。改革如果没有面上的推进，难免顾此失彼；如果没有点上的突破，难免杂乱无章。全面深化改革既要抓住关键性的局部，也要兼顾事物的整体，坚持"整体推进和重点突破相结合"，从"牵一发而动全身"的重点领域入手，从"落一子而活全局"的关键环节着力，以点带面，激活全盘改革，这就是点面结合的改革辩证法。

全面深化改革既要找准"面"，关键是抓住"点"。当前，改革的"面"就是"5+2"的改革布局，"5"涵盖政治体制、经济体制、文化体制、社会管理体制、生态文明体制等方方面面，"2"涉及党的建设体制、国防和军队管理体制等。全面深化改革的"点"又是什么呢？有人认为，过去40年的改革重点一直是经济领域，政治体制改革已经滞后，因此，当务之急是迎头赶上，加快政治体制改革的步伐。还有人说，今天中国共产党不肯放权，有意不触及政治体制改革。其实，这种说法似是而非，不符合历史唯物主义的基本观点。今天，改革的龙头仍然没有变，"经济体制改革仍然是全面深化改革的重点"。②这不是回避矛盾，不是拖延政治体制改革的进程，而是因为经济建设仍然是我们的中心工作，发展生产力仍然是我们的根本任务。生产力是最革命、最活跃的因素，是社会发展的最终动力。生产力决定生产关系，生产关系（经济基础）必

---

① 《习近平关于全面深化改革论述摘编》，中央文献出版社2014年版，第140页。
② 《习近平关于协调推进"四个全面"战略布局论述摘编》，中央文献出版社2015年版，第60页。

须适应生产力的发展要求。随着经济基础的变更，全部庞大的上层建筑才会或快或慢地发生变革。因此，无论任何时候，改革都必须从生产关系、经济基础、经济体制这个切入口着手谋划，试图通过政治体制改革带动经济体制改革，这完全是本末倒置，苏联的改革结局已经证明了这一点。今天，全面深化改革必须牢牢扭转"经济体制"这个重点，"发挥经济体制改革牵引作用，推动生产关系同生产力、上层建筑同经济基础相适应，推动经济社会持续健康发展"。[①] "没有重点就没有政策，没有重点就没有章法，没有重点工作就没有波澜起伏"。[②] 只有牵住经济体制改革这个"牛鼻子"，才能带动全盘改革，实现改革的初衷，完成改革的目标。当然，我们强调经济体制改革的"龙头"地位，并不是要拖延政治体制改革的步伐，也不是要否定政治体制改革的紧迫性和必要性。

六、"管"与"放"：该管的要管好，该放的要放开

全面深化改革必须坚持社会主义市场经济的改革方向，这里要讲两句话：一句话是"使市场在资源配置中起决定性作用"，另一句话是"更好地发挥政府的作用"。但现在有些人只讲前面一句话，不讲后面一句话，这是片面的。当然，也有少数人只讲后面一句话，不讲前面一句话，这更是错误的。全面深化改革要讲两句话，

---

① 《十八大以来重要文献选编》（上），中央文献出版社 2014 年版，第 513 页。
② 王珏主编：《辉煌二十年（1978—1998）中国改革开放二十周年大事总览》，中国经济出版社 1998 年版，第 2137 页。

防止任何一种片面性。

"管"与"放"的问题，也即"管"与"不管"的问题，说到底是"政府"与"市场"的关系问题。政府与市场，宏观调控与市场调节，是驾驭现代经济运行的"两只手"。这"两只手"，没有哪只手是多余的，没有哪只手是无关紧要的。宏观调控这一手意味着"管"，但不等于管的越多越好；市场调节这一手意味着"放"，但不等于不管。市场不是万能的，市场管不了交给政府；政府不是全能的，政府管不好的交给市场。这就是"管"与"放"的辩证法。

"管"与"放"的实质是权力的博弈，背后凸显的是政府的权力边界问题。处理好"管"与"放"的关系，关键是厘清哪些事情该管，哪些事情不该管；哪些领域要管，哪些领域要放；守住权力的界限，有权不可越界，有权不可懈怠，有权不可任性。全面深化改革从某种意义上来说就是对"权力"本身的改革，重新为权力立法，为权力划界。

全面深化改革要把握好"管"与"放"的张力，拿捏好"管"与"放"的力度，坚持有管有放，管要管到位，放要放到位；坚持有进有退，缺位的要补上，越位的要退出。党的十八届三中全会《决定》指出，要"理顺政府与市场的关系"，"着力解决市场体系不完善、政府干预过多和监管不到位的问题"。[①] 习近平总书记在主持政治局第十五次集体学习时指出：在市场作用和政府作用的问题上，要讲辩证法、两点论，"看不见的手"和"看得见的手"都

---

① 《习近平谈治国理政》，外文出版社 2014 年版，第 77 页。

要用好。各级政府"该管的事一定要管好、管到位，该放的权一定要放足、放到位，坚决克服政府职能错位、越位、缺位现象"①；各级干部特别是领导干部要"成为善于驾驭政府和市场关系的行家里手"。②我们既要用好"市场"这只手，"使市场在资源配置中起决定性作用"，③把市场能管的、该管的交给市场，让"看不见的手"在微观经济活动中展示力量、发挥作用；也要用好"政府"这只手，"更好地发挥政府作用"，把市场管不了、管不好的事情管起来，让"看得见的手"在宏观经济管理层面展示力量、发挥作用。

七、"先"与"后"：知所先后，协同有序推进改革

"先"与"后"的问题，表面上是时间问题，实质上是哲学问题，背后蕴含着深刻的哲学智慧。其一，办事情应该有先有后，切忌一哄而上，摊子铺得很大，事情办得很糟；其二，办事情应该知所先后，切忌先后颠倒，看准了的事情拖宕推诿，看不准的事情仓促上马。比如，我们知道，邓小平和戈尔巴乔夫各自主导的改革，在方法论层面的区别之一就是改革先后次序的不同，中国的改革遵循先易后难、先经后政、先农村后城市的步骤，戈尔巴乔夫则反其道而行之。这绝不是偶然性在起作用，从根本上说是遵循还是背离马克思主义方法论的问题，是服从还是违背认识规律的问题。马克

---

① 《习近平谈治国理政》，外文出版社 2014 年版，第 117 页。
② 《习近平谈治国理政》，外文出版社 2014 年版，第 118 页。
③ 《习近平谈治国理政》，外文出版社 2014 年版，第 116 页。

思主义认识论告诉我们，人类认识的基本规律是实践、认识、再实践、再认识，从不知到知，从少知到多知，从熟知到真知。人类的改革实践只能服从认识的基本规律，由浅到深，由简入繁。当改革的规律还没摸清楚，对改革的认知还处于必然王国之时，就去啃硬骨头、涉险滩，这就犹如小学生参加高考，完全找不着北。

　　全面深化改革是一项系统工程，要讲究章法，注重节奏，张弛有度，知所先后。深水区的改革，单兵突进不行，齐头并进也不行；畸轻畸重不行，同步推进也不行；一哄而上不行，无序改革也不行。习近平总书记强调："要有序推进改革。该中央统一安排的各地不要抢跑，该尽早推进的不要拖延，该试点的不要仓促面上推开，该深入研究后再推进的不要急于求成，该先得到法律授权的不要超前推进。"① 全面深化改革要掌握好节奏，"对条件已经成熟、各方面要求强烈的改革，要下定决心加快推进；对各方面认识还不一致、但又必须突破的改革，要处理好各方面利益关系，尽可能寻求最大公约数、凝聚改革共识；对实践发展有要求、但操作上一时还不那么有把握的改革，可以先行试点，取得经验后再推开。"② 也就是说，改革进程的设计要从实际出发，具体情况具体分析：看准了的，尽早推动，不要拖宕；认识不一致的，找到改革共识，不要急于求成；看得不那么准的，先行试点，不要仓促推开。改革任务越是纷繁复杂、千头万绪，越是要注重优先顺序、方法步骤。如果没有先后，不顾缓急，眉毛胡子一把抓，核桃栗子一齐数，改革就会乱了节奏、丢了章法。中国的改革已经到了一个新的重要关头，

---

① 《习近平关于全面深化改革论述摘编》，中央文献出版社 2014 年版，第 49 页。
② 《国家治理体系和治理能力现代化》，中共中央党校出版社 2013 年版，第 175 页。

必须统筹考虑、协同推进，根据实际情况作出有序安排和部署。

八、"破"与"立"：要敢于"破"，更要善于"立"

古人云："不破不立，不塞不流，不止不行"。"破"不是要"打倒一切""砸烂一切"，"立"不是要"全盘推倒""另起炉灶"。"破与立"的真谛不在于孰轻孰重，也不在于孰先孰后，而在于"有破有立"，当破则破，当立则立，破为立之始，立在破之中，破与立互为前提和条件。

"破旧"与"立新"是对立统一的关系。"破"，就是要突破陈规。就是要有辩证的否定精神，敢于破除已经被实践证明是错误的东西，打破习惯势力和主观偏见的束缚，把思想认识从那些不合时宜的观念、做法和体制的束缚中解放出来，从对马克思主义的错误的和教条式的理解中解放出来，从主观主义和形而上学的桎梏中解放出来，使主观与客观相符合，使思想与实际相一致。"立"，就是要创立新说、创新实践。就是要有科学的创新精神，实践基础上的理论创新是社会发展和变革的先导。改革的过程，也就是创新的过程。当然，创新是艰难的，在探索中难免会发生失误，难免会发生新旧观点的分歧、对立和冲撞，难免会出现一些真理性的"新说"被当作是"异端"，因而需要形成鼓励成功、宽容失败的改革氛围。

全面深化改革既要敢于"破"，更要善于"立"；既要破中有立防止失序，又要立中有破防止反复。习近平总书记指出：改革"一定要有自我革新的勇气和胸怀，跳出条条框框限制，克服部门利益掣肘，以积极主动精神研究和提出改革举措"①；"搞改革，现有的工作格局和体制运行不可能一点都不打破"。② 只要经过充分论证和评估，只要符合实际，该破的就要大胆地破。"破"就是破经济社会发展的瓶颈，破体制机制的障碍，破利益固化的藩篱，破权力寻租的土壤，破传统思维的定势；"立"就是围绕全面深化改革的总目标，确立与国家治理体系和治理能力现代化相匹配的新体制、新机制、新做法、新理念、新思维。

全面深化改革的过程就是"破与立"相结合的过程。党的十八大以来，党中央出台的每一项改革举措都体现了"破立结合"的改革辩证法。习近平总书记在十八届中央纪委五次全会上强调指出："党的十八届三中全会作出全面深化改革重大部署，党的十八届四中全会对全面推进依法治国作出战略部署，体现了'破'和'立'的辩证统一。深入推进党风廉政建设和反腐败斗争，同样要做好'破'和'立'这两篇文章。"③"四个全面"战略布局既蕴含了"破"的功夫，也体现了"立"的要求，贯穿了"破立结合"的改革方法论。

---

① 《习近平谈治国理政》，外文出版社 2014 年版，第 87 页。
② 《习近平谈治国理政》，外文出版社 2014 年版，第 87 页。
③ 人民日报社评论部编：《"四个全面"学习读本》，人民出版社 2015 年版，第 278 页。

第九章　中国改革为什么能成功

——从中苏改革比较谈中国改革经验

　　20 世纪，两大社会主义国家的新动向牵引了全世界的目光：一个是苏联，作为人类历史上第一个社会主义国家，它的出现极大地改变了世界的政治格局，它对于社会主义道路的探索也成为一次前无古人的伟大实践。然而，从赫鲁晓夫到勃列日涅夫再到戈尔巴乔夫，经历三代领导人的三次改革，曾经辉煌的苏联却快速衰退，最终病入膏肓，走向解体；另一个是中国，作为最大发展中国家，在对社会主义的不断探索和实践中，中国作出了改革开放的重大决策，创造了人类历史上罕见的经济发展奇迹，取得了举世赞誉的改革成效。为什么在对社会主义道路的实践探索中，苏联的改革失败了，而中国的改革取得了成功？通过比较中苏改革，我们不难发现，正是不同的改革之路造就了中苏不同的命运。

一、在领导力量上，是"坚持党的领导"还是 "向西方资本主义看齐"

　　坚强有力的领导核心是改革成功的根本政治保障。对于社会主义国家来说，要走出独立自主的社会主义道路，必须始终坚持共产党的领导，这是由共产党的性质和先进性决定的，共产党代表无产阶级的根本利益，"在实践方面，共产党人是各国工人政党中最坚决的、始终起推动作用的部分；在理论方面，他们胜过其余无产阶级群众的地方在于他们了解无产阶级运动的条件、进程和一般结果。"[①]因而，共产党应当始终在社会主义国家的革命和改革中起领导作用。

　　苏联作为共产党领导下的社会主义国家，在改革的进程中却一再削弱党的领导力，甚至主张放弃共产党的领导。一方面，实行"公开性"政策，鼓动人们大肆评判苏共历史及苏共领导人，丑化苏共的形象。20世纪80年代后期，戈尔巴乔夫通过文学、电视、新闻媒体等制造噱头，主张公开评论苏共历史，从批判勃列日涅夫到批判斯大林，共产党领袖的历史功绩被肆意抹杀，"共产党所做的事情都被忘记了，对共产党领导苏联人民在第二次世界大战时期建立的功勋、取得的伟大胜利也都被忘记了，共产党在第二次世界大战之后迅速恢复和发展国民经济的成就也被忘记了。"[②]对无产阶

---

① 《马克思恩格斯文集》第4卷，人民出版社2009年版，第324页。
② 转引自李慎明：《苏联亡党亡国20年祭——俄罗斯人在诉说》，社会科学文献出版社2013年版，第59—60页。

级革命领袖的歪曲抹黑严重损毁了党的形象。为了进一步巩固自己的领导地位,戈尔巴乔夫还以"干部年轻化"为名,在苏共中央内部大批撤换老干部、清洗高层以掌控党政军大权,他在上任后不到一年时间内就撤换了包括苏共中央、部长会议、政治局及政府各部等140多位领导人,苏共集体的领导权实际上已被"架空"。

另一方面,打着"民主化"的旗号,借口反对"一党专政"以取消苏共的领导,实现政治多元化。1988年6月,戈尔巴乔夫在苏联经济改革陷入困境后开始了政治领域的改革,他打着"一切权力归苏维埃"的口号,全盘照搬西方资本主义的政治制度,主张实行多党制和"三权分立"的资产阶级议会制,试图从根本上取消苏联共产党的执政地位。在1989年春仿效资本主义议会制举行的第一次全民选举中,戈尔巴乔夫命令党组织不得干预选举活动,把干预候选人的权力交给了国内外资本。俄罗斯科学院院士瓦·伊·茹科夫对这次选举评价道:"参加选举包括选举取胜的那些人,都是放弃了社会主义和共产主义信仰的人"。[1] 随着多党制的确立,苏联党内民主和集体领导制度被破坏殆尽,苏共对军队的绝对领导地位也发生了根本性的动摇,于是,各种杂乱社会组织大量涌起,广大党员思想变得混乱,理想信念发生动摇,大量党员要求退党,"仅从1990年1月到1991年6月,苏共党员人数就减少了400万——从1900万下降到1500万。"[2] 各种国外颠覆势力更是乘机作乱,苏联内外的反共反社会主义势力开始相互勾结,不断宣

---

[1] 转引自李慎明:《苏联亡党亡国20年祭——俄罗斯人在诉说》,社会科学文献出版社2013年版,第10页。

[2] [俄] 罗伊·麦德维杰夫著,王晓玉等译:《苏联的最后一年》,社会科学文献出版社2005年版,第61页。

扬和美化资本主义制度，试图颠覆苏联的社会主义制度。"许多苏联媒体在 20 世纪 80 年代后期越来越对苏联社会和经济体制持批判态度，越来越偏向西方式的资本主义，把它当作苏联应该仿效的模式。"①"向西方资本主义看齐"的诱人口号使越来越多的人放弃了共产主义信仰，伴随着帝国主义"和平演变"的强烈攻势，抛弃社会主义、效仿西方模式的思潮在苏联社会达到高潮。

　　在当时的历史条件下，对于正在进行改革的社会主义国家来讲，否定苏共历史，放弃共产党的领导，摈弃苏联的社会主义制度，一味地向资本主义看齐，只会造成人们的思想意识混乱，理想信念崩塌，丧失对社会主义道路的坚定信念，最终使整个改革陷入混乱。事实正是如此，在"公开化""民主化""多元化"政策的鼓动下，苏共的领导力被不断地削弱和瓦解，一步步丧失了对军队、对国家和社会的领导权，失去了对改革进程的掌控，致使苏联的改革陷入全面混乱，这个曾经有着七十多年历史的社会主义国家逐渐被推向了绝境。放弃党的领导就要亡党，亡党的结果就是亡国。今天，苏联早已四分五裂、不复存在，苏联共产党也灰飞烟灭，归入历史尘埃。"苏联的悲剧就在于作为执政的苏联共产党没有能成为苏联社会主义民主制度建设的领导者"。②

　　对比中苏的改革进程，苏联改革陷入全面混乱的核心因素就是苏联共产党领导力的削弱和瓦解，而中国卓有成效的改革正是在于坚定不移地坚持共产党在社会主义事业中的核心领导作用。作为改

---

① 〔美〕大卫·M.科兹、弗雷德·威尔著，曹荣湘等译：《从戈尔巴乔夫到普京的俄罗斯道路——苏联体制的终结和新俄罗斯》，中国人民大学出版社 2016 年版，第 74 页。

② 宫达非主编：《苏联剧变新探》，世界知识出版社 1998 年版，第 337 页。

革开放的总设计师，邓小平强调坚持党的领导是坚持四项基本原则的核心，"只要坚持并且改善党的领导，由此带动其他工作，我们的任务就能够完成"，①"改革党和国家的领导制度，不是要削弱党的领导，涣散党的纪律，而正是为了坚持和加强党的领导，坚持和加强党的纪律。"②正是始终坚持党的领导，不断完善党的领导制度，为中国的改革沿着社会主义方向前进提供了根本政治保证。改革开放40年来，中国以惊人的发展速度创造了世界经济发展的奇迹，综合实力显著加强，国际地位极大提高，归根到底在于党在改革事业中发挥着总揽全局、协调各方的核心作用，领导人民成功开辟了中国特色社会主义道路。党的领导是中国特色社会主义最本质的特征，也是中国特色社会主义制度的最大优势，中国特色社会主义道路是党领导人民经过长期探索实践开辟的，也只有在党的领导下才能不断向前发展。事实证明，只有坚持中国共产党的领导，中国人民才能取得改革开放事业的成功；未来也将证明，只有坚持中国共产党的领导，中国人民才能在新时代的条件下，不断取得改革开放的新胜利。

二、在指导思想上，是"坚持马克思主义"还是 "坚持人道的民主的社会主义"

改革的指导思想指引着一个政党、一个国家朝着什么样的道

---

① 《邓小平文选》第二卷，人民出版社1994年版，第266页。
② 《邓小平文选》第二卷，人民出版社1994年版，第341页。

路前进，科学的指导思想能帮助一个政党做出正确的决断，引领一个国家走向更加光明的前景；一旦指导思想发生歪曲和错误，不仅会导致一个政党误入歧途，甚至会直接葬送一个国家的前途和命运。在改革的过程中，同样作为社会主义国家，苏联面对改革困境和西方"和平演变"的攻势，逐渐对共产主义信念发生了动摇，开始否定马克思主义，转向了人道的民主的社会主义，导致党的性质发生蜕变，直接葬送了苏联的社会主义事业；而中国始终坚持马克思主义的指导地位，中国共产党始终坚定马克思主义的信念，并根据时代的发展变化推进马克思主义中国化，用发展着的马克思主义指导新的实践，改革开放和社会主义现代化事业不断从胜利走向胜利。

1990 年，为了克服社会上和党内的危机，苏共二十大会议通过了《走向人道的民主的社会主义》纲领性声明，决定对社会和党进行改革。戈尔巴乔夫开始用人道的民主的社会主义思想改革苏联共产党，允许"党内和社会上出现的各种观点、意见和流派的存在"，[①] 反对以马克思主义作为党的指导思想的规定。在推行改革之初，戈尔巴乔夫的理念就与"马克思主义基本原理发生了矛盾"。[②] 在戈尔巴乔夫看来，马克思主义非但不再是科学，而且已经变成苏联"吸收世界上一切进步的思想"的障碍；社会主义非但不是消灭异化的社会，而且是"建立在否定的原则之上"[③] 的"专横的""极

---

① 转引黄苇町：《苏共亡党十年祭》，江西高校出版社 2002 年版，第 72 页。

② 亚·尼·雅克夫列夫：《一杯苦酒——俄罗斯的布尔什维主义和改革运动》，社会科学文献出版社 2016 年版，第 204 页。

③ 亚·尼·雅克夫列夫：《一杯苦酒——俄罗斯的布尔什维主义和改革运动》，社会科学文献出版社 2016 年版，第 32 页。

权主义"社会,因而,以"人道的民主社会主义"取代马克思主义
是一种必然。

为了取消马克思主义在党内的指导地位,对社会进行"真正革
命的"和"全面的改造",戈尔巴乔夫还创立了改革的"新思维"。
所谓"新思维",其实就是"人道的民主的社会主义"的别称,是
资本主义意识形态的鲜活翻版。"新思维"主张摆脱意识形态的狭
隘偏见,强调"全人类的价值高于一切"、"全人类利益高于阶级利
益","把全人类利益置于时代的至高无上的地位"。① 实质上,它
不过是主张用去意识形态化来变相强化资本主义意识形态,用模糊
的全人类概念代替现实的个人和阶级属性,用虚无的全人类利益粉
饰现实的阶级利益,以此进一步攻击、歪曲和否定马克思主义,消
除马克思主义的指导地位,进而将其边缘化。在"新思维"政策的
影响下,资产阶级自由化思想和个人主义大行其道,演变成了苏联
社会的主流意识,各种落后的陈旧的思想观念也纷纷兴起,整个社
会陷入了思想混乱的局面。"最具创造性的那部分社会力量同苏共
的疏远,大量不相信理想但却很有能量的人涌入苏共,不仅破坏了
而且瓦解了党的队伍"。② 背弃了马克思主义的苏联共产党最终丧失
了正确的理论路线和指导思想,而全面移植西方国家的政治体制,
接受自由资本主义的思潮,带来的是苏联整个社会的全面危机。

马克思恩格斯曾指出:"民主主义的必然结果就是无产阶级的
政治统治"。③ 只有在无产阶级专政下才能生成真正的民主。民主

① 戈尔巴乔夫:《改革与新思维》,新华出版社1987年版,第184页。
② [俄] 瓦·博尔金:《戈尔巴乔夫沉浮录》,中央编译出版社1996年版,第393页。
③ 《马克思恩格斯全集》第4卷,人民出版社1958年版,第306页。

社会主义的"民主"是资本主义的民主，是少数人的民主。唯有坚持马克思主义和无产阶级专政，民主才属于社会中的绝大多数人，才能实现无产阶级的民主，达成实质的民主。戈尔巴乔夫抛开马克思主义谈社会主义，抛开无产阶级专政谈民主主义，这样的"社会主义"只能是资本主义，这样的"民主"只能是资产阶级的虚假民主。"人道的民主的社会主义"实质是反马克思主义的自由资本主义思潮，意在使苏联社会主义变质，进而过渡到资本主义。因此，选择人道的民主的社会主义道路，不仅不能帮助社会主义国家实现社会主义和共产主义制度，反而会使其变成西方的附属国，甚至连民族的独立都难以保证。苏联的改革正是因为高扬"人道的民主的社会主义"，彻底走到了马克思主义的对立面。"不再谋求意识形态上的强行一致"和"摒弃践踏社会主义精神"，[①] 致使反马克思主义思潮泛滥，社会主义制度逐步瓦解。于是，苏联改革的落幕与苏联社会主义大厦的坍塌同时完成了。

中国共产党在长期的社会主义改革实践中，始终坚持马克思主义的指导地位，开辟了中国特色社会主义道路。改革开放以来，中国共产党以承认马克思主义的科学性为基本前提，一方面始终坚持马克思主义基本原理的指导意义，另一方面努力实现马克思主义的中国化，坚持"把马克思主义的普遍真理同我国的具体实际结合起来，走自己的道路，建设有中国特色的社会主义"。[②] 在这场范围广、力度大、影响深远的改革实践中，统一全党的思想武器始终是

---

① 戈尔巴乔夫：《戈尔巴乔夫回忆录》（上册），述弢等译，社会科学文献出版社 2003 年版，第 642 页。

② 《中国共产党第十二次全国代表大会文件汇编》，人民出版社 1982 年版，第 3 页。

马克思主义而不是别的什么主义；引领改革的思想旗帜始终是科学社会主义，而不是别的什么社会主义。中国的改革始终坚持着邓小平所确立的原则——不能离开马克思主义的意识形态指导，"不能离开社会主义道路，不能没有共产党的领导"。[①] 正是因为坚持马克思主义的指导地位，中国的改革有效地遏止了资产主义意识形态的渗透和扩散，保证了改革的社会主义大方向，走出了独立自主的中国式现代化之路，取得了改革开放的伟大胜利。

三、在改革目标上，是"社会主义制度的自我完善和发展"还是"摧毁整个社会大厦"

任何一种社会制度，如果没有内在的自我发展和完善，就会面临停滞、衰退甚至崩溃的危险，社会主义制度也不例外。社会主义国家只有不断地发展和完善社会主义制度，才能逐步过渡到共产主义，最终实现建立共产主义社会的最高奋斗目标。对于处于社会主义初级阶段的国家来说，改革必须始终坚持以社会主义制度的自我完善和发展为目标，这样才能确保改革的正确方向，如果无视社会主义制度的发展规律，改旗易帜，甚至直接"摧毁整个社会大厦"，必定后患无穷。对比中苏改革，正是对于改革目标的不同抉择，成就了中国特色的社会主义道路，葬送了苏联的社会主义事业。

1922 年 12 月 30 日，苏维埃社会主义共和国联盟成立。作为苏

---

① 《邓小平关于建设有中国特色社会主义的论述专题摘编》，中央文献出版社 1992 年版，第 126 页。

联的主要缔造者，列宁和斯大林成功地引领苏联人民开创了一条不同于资本主义国家所走过的经济社会发展道路，即苏联社会主义道路。斯大林执政时期，苏联建立起了社会主义的经济基础，苏维埃政权得到进一步巩固，社会主义制度最终在苏联得以确立。由于实行了社会主义制度，建立了计划经济体制，苏联仅仅用了 20 年的时间，就由一个落后的农业国变成了一个工业化国家，这样的经济发展速度曾让资本主义国家望尘莫及。第二次大战之后，苏联成为了唯一能与美国相抗衡的超级大国，"到 1950 年，其工业总产值比战前增长了 73%，年平均增长率高达 22%—23%，农业总产值也达到了战前水平。……50 年代，苏联经济继续保持了这种高速增长，以工农业总产值论，已成为仅次于美国的世界第二经济大国"。①这一时期，社会主义制度在苏联展现了前所未有的优越性。

伴随着社会主义实践的发展，曾经盛极一时的"斯大林模式"弊端日益明显，功效逐渐衰退，苏联经济增长速度开始逐步下降，甚至出现了停滞现象，改革是唯一的出路，问题在于怎么改。为了扭转苏联的衰退形势，赫鲁晓夫、勃列日涅夫、戈尔巴乔夫等苏联领导人相继地实行了社会主义改革。然而，由赫鲁晓夫、勃列日涅夫所推行的改革虽然涉及面广，但各方面的改革均浅尝辄止，要么回避问题、要么避重就轻，只是对一些无关痛痒的问题进行小修小补，没有准确把握社会主义建设中存在的根本性问题，对症下药。最终，改革也并没有取得相应的成效，"从 60 年代末到 70 年代末，工业总产值年均增长速度由 8.5% 降到 5.9%，农业总产值从 4.3%

---

① 宋士昌、孔静珣：《苏联模式社会主义与苏联七十多年社会主义的历史沿革》，《当代世界社会主义问题》1994 年第 4 期。

降到 1.1%，社会劳动生产率年均增长从 6.8% 降到 3.2%。"① 随后，戈尔巴乔夫的改革更加混乱，毫无章法，改革的目标由坚持"完善社会主义"变为建立"人道的民主的社会主义"，彻底放弃了社会主义道路，社会主义改革变成了改向。在 1989 年 11 月 26 日发表的《社会主义思想与革命性改革》一文中，戈尔巴乔夫说道："如果说在初期我们认为这基本上指的是纠正社会机体的部分扭曲现象，只是完善过去几十年间形成的、已经完全定型的制度的话，那么，现在我们说，必须根本改造我们的整个大厦：从经济基础到上层建筑。"② 于是，"苏联国家社会主义的基本经济制度——经济的计划编制和生产方式的全民所有制——一个已经被废除，另一个已经贴上了废除的标签"。③ 社会主义经济体制的破坏改变了苏联社会主义改革的性质，社会主义改革演变成了"改走"资本主义道路，"改造我们的整个大厦"实质上变成了"摧毁整个社会大厦"。戈尔巴乔夫逆转社会主义的改革方向，给苏联带来了严重后果，"1990—1991 年，苏联的经济从形势严重发展到经济危机，因为有史以来第一次出现了经济紧缩。它的 GNP 在 1990 年下降了 2.4%，在 1991年下降了 13% 左右。"④ 随着经济崩溃以及政治和社会危机，苏共也于 1991 年 8 月 23 日被迫停止活动，8 月 24 日，苏共中央自行解放，各加盟共和国纷纷宣布独立，同年 12 月 26 日，苏联停在存在，苏

---

① 郭春生：《勃列日涅夫 18 年》，人民出版社 2009 年版，第 286 页。
② 转引曹长盛：《世界社会主义纵论》（曹长盛文集），当代世界出版社 2006 年版，第130 页。
③ [美] 大卫·M. 科兹、弗雷德·威尔著，曹荣湘等译：《从戈尔巴乔夫到普京的俄罗斯道路——苏联体制的终结和新俄罗斯》，中国人民大学出版社 2016 年版，第 98 页。
④ [美] 大卫·M. 科兹、弗雷德·威尔著，曹荣湘等译：《从戈尔巴乔夫到普京的俄罗斯道路——苏联体制的终结和新俄罗斯》，中国人民大学出版社 2016 年版，第 98 页。

联整个社会大厦彻底坍塌。苏联将近三十年的改革以失败告终。

与苏联不同的是，坚持"社会主义制度的自我完善和发展"恰恰是中国的改革之所以取得成功的法宝。作为中国改革开放的总设计师，邓小平在领导中国改革开放过程中，始终强调要坚持改革的社会主义方向，"我们党领导的改革开放决不是要改掉社会主义制度。"[①]他还着重指出："改革是社会主义制度的自我完善，在一定的范围内也发生了某种程度的革命性变革。这是一件大事，表明我们已经开始找到了一条建设有中国特色的社会主义的路子。"[②]中国改革的目标不是要抛弃和否定已经建立的社会主义制度，而是"社会主义制度的自我完善和发展"，是为了更好地发展社会主义；不是对原有经济体制的小修小补，而是对阻碍生产力发展的落后经济体制实施根本性变革；不是改走西方的资本主义道路，而是要开辟中国特色的社会主义道路。正是在这样的目标指引下，中国在改革过程中，坚决抵制资产阶级自由化思潮的干扰，始终坚持不断发展和完善社会主义制度，社会主义制度的先进性、优越性不断凸显，社会主义在中国展现出了蓬勃的生命力。

四、在局势掌控上，是"中央要有权威"还是 "一切权力归苏维埃"

改革必然涉及党和国家面临的各种错综复杂的矛盾和问题，如

---

① 《改革开放三十年重要文献选编》（下册），中央文献出版社 2008 年版，第 1751 页。
② 《邓小平文选》第三卷，人民出版社 1993 年版，第 142 页。

果没有一个权威的核心力量掌控整个改革大局，整个改革事业就如同一盘散沙，缺乏凝聚力，难以稳步推进。对于社会主义国家来说，共产党的性质决定了它是社会主义事业的领导核心，同样也应当是社会主义改革事业的掌控者，只有树立党中央的权威，牢牢掌握改革大局，才能为改革创造稳定的环境，确保改革的正确方向，推动改革稳步前进。破坏党中央的权威，会直接削弱党的领导力，使党失去对整个改革局面的掌控，从而导致改革陷入混乱，甚至会根本上改变改革的社会主义方向和性质。对比中苏改革，我们不难发现，牢固树立党中央权威、坚持党统领改革大局正是中国改革事业能取得成功的关键所在，而苏联改革失败的关键也正是在于党中央权威被破坏，共产党的权力被架空，失去了对整个改革局势的掌控。

苏维埃曾是苏共领导的苏联最高权力机关，它的成立是苏联实行社会主义政治制度的标志。作为苏联的主要缔造者，列宁曾提出了"一切权力归苏维埃"的口号，目的在于使一切权力集中于党的手上，然而，戈尔巴乔夫的改革却背其道而行之，他虽重提"一切权力归苏维埃"，目的却是削弱党中央权威。他坦言，政治改革的目的"就是把权力从独家操纵的共产党手中交到按宪法本应属于通过自由选举产生的人民代表的苏维埃手里。"[①]他反对共产党的"政治垄断"，为了取消党的领导地位，戈尔巴乔夫通过深化政治体制改革一步步削弱党中央的权威：他改组了积极干预苏联社会管理的共产党中央委员会，将"中央委员会的部门数量由原来的20个

① 戈尔巴乔夫:《戈尔巴乔夫回忆录》，述弢等译，社会科学文献出版社2003年版，第506页。

减少到 9 个"，① 使得党脱离了对苏联体制的管理；他借助新成立的人民代表大会选举，放弃党对选举工作的领导权，"人们选举出了一个拥有 2250 人的人民代表大会，人民代表大会再选举最高苏维埃"，② 苏共的权力被转移到了人民代表苏维埃手里，新的苏维埃彻底摆脱了苏共的控制；他还通过修宪确立了苏维埃的"全权"，并要求党从形式上放弃一切权力；在 1990 年 3 月召开的人民代表大会上，党在宪法上的统治权力也被废除，党中央的权威和合法性遭到彻底破坏。

在苏联的社会主义体制中，党一直是统筹一切力量的核心，拥有健全完善的组织体系。苏联共产党本可以依靠严格的民主集中制和统一的意识形态，对国家和社会实施有效领导，对改革进行顶层设计和统筹谋划。但由于彻底取消党的领导地位，苏联改革缺少了能够掌控局势的"主心骨"，失去了能够运筹帷幄的军中帐，"一切权力归苏维埃"并没有使国家权力集中有效地运行，反而使苏联的改革陷入了混乱不堪的境地。一方面，由于参与政治管理的人民代表经验不足，新建的苏维埃没有开展实质有效的管理工作，因而权威受到了质疑。"新选的代表在政治上和管理上更无经验，他们也没有共同的政治纲领，这就使地方政府更无效率，更不称职，代表之间整天进行着无休无止的政治争论……列宁格勒市民对该市

---

① ［美］大卫·M. 科兹、弗雷德·威尔著，曹荣湘等译：《从戈尔巴乔夫到普京的俄罗斯道路——苏联体制的终结和新俄罗斯》，中国人民大学出版社 2016 年版，第 113 页。

② ［美］大卫·M. 科兹、弗雷德·威尔著，曹荣湘等译：《从戈尔巴乔夫到普京的俄罗斯道路——苏联体制的终结和新俄罗斯》，中国人民大学出版社 2016 年版，第 109 页。

苏维埃的满意率从 1990 年 6 月的 74% 跌至 1991 年 1 月的 20%。"① 另一方面，新建的苏维埃政府内部管理混乱，难以有效运行。由于新建的各级苏维埃政府没有隶属关系，"所有的苏维埃开始为争夺权力和控制而相互展开搏斗，这使苏维埃系统更加混乱，在这种情况下，它根本不可能成为人民的真正代表机构和有效率的政府机构"。② 中央权威就这样被削弱，权力从苏共中央流失，苏联自上而下的完整的权力执行体系遭到破坏。由此造成了中央地方关系混乱，苏联经济社会秩序混乱，国家陷入无政府状态，地方民族主义和分离主义趁机作乱。虽然戈尔巴乔夫力图通过建立总统制来重树中央权威，但依然没有遏止国家分裂，无以复加的个人集权统治反而加快了国家瓦解的步伐。

中国共产党作为一个马克思主义政党，始终强调坚持党的集中统一领导，维护党中央权威。中国共产党在领导改革的全过程中，邓小平反复强调"中央要有权威"，"改革要成功，就必须有领导有秩序地进行"，③"如果没有中央的权威，就办不到"。④ 党中央有权威，在面对改革中出现的各种风险和挑战时，中国共产党才能始终凝聚在一起，充分发挥总揽大局的核心作用，以强大的政治决心和政治勇气与人民一起应对改革中出现的各种困难，确保改革顺利进行。实践证明，维护中央权威是中国改革事业取得成功的重要保

---

① ［英］雷切尔·沃克：《震撼世界的六年：戈尔巴乔夫的改革怎样葬送了苏联》，张金鉴译，改革出版社 1999 年版，第 141 页。
② ［英］雷切尔·沃克：《震撼世界的六年：戈尔巴乔夫的改革怎样葬送了苏联》，张金鉴译，改革出版社 1999 年版，第 142 页。
③ 《邓小平文选》第三卷，人民出版社 1993 年版，第 277 页。
④ 《邓小平文选》第三卷，人民出版社 1993 年版，第 277 页。

证，正如习近平所指出的："我国社会主义政治制度优越性的一个突出特点是党总揽全局、协调各方的领导核心作用。"①作为一个社会主义国家，只有牢固树立党中央的权威，才能把全党牢固凝聚起来，始终掌控改革大局，不断开创社会主义改革事业的新局面。

五、在改革道路上，是"走自己的路"还是"走西方文明之路"

改革道路的选择从根本上决定了一个国家的命运、一个民族的未来。一个国家，一个民族，如果走不出一条独立自主的道路，而是照抄照搬他国经验，走别人所走过的路，就难以实现真正的复兴，更不可能自立于世界民族之林。对于社会主义国家来说，改革是一项崭新的事业，只有开拓一条属于自己的道路，才能实现社会主义事业的长足发展，一味照搬西方资本主义国家的做法，只会改变改革性质，背离改革初衷，最终葬送社会主义事业。中苏两国截然相反的改革结果就是最好的例证：中国始终坚定改革的社会主义方向，坚持"走自己的路"，改革事业蒸蒸日上，综合国力不断提升；苏联背离改革的社会主义方向，青睐西方文明之路，改革以失败告终，以致亡党亡国。

20 世纪 20 年代，面对世界资本主义的重重包围，苏联依靠自力更生，在与资本主义国家的竞争中，形成了独特的经济发展模

---

① 《习近平关于全面建成小康社会论述摘编》，中央文献出版社 2016 年版，第 96 页。

式，最早走上了社会主义道路，建成了社会主义超级大国。然而，进入 70 年代，高度集中的经济体制和持续的军备竞赛使苏联经济越来越缺乏活力，逐渐陷入"停滞"状态，严重影响了人民生活水平的提高。一系列的社会主义改革并没有根本上缓解苏联的经济危机，社会主义制度的优越性开始遭受质疑，苏联领导人和人民对共产主义的信仰也开始动摇，西方价值观随之趁虚而入。1987 年，戈尔巴乔夫在他的《改革与新思维》一书中，不再把美国归为"万恶帝国"，而提出了"全人类的价值至高无上"的著名论点，实质上明确认可了欧美发达国家的发展道路，同时包含了对西方普世价值观的肯定，也表达了对象征"最优文明"的欧美文明的向往。于是，苏联的社会主义事业开始朝着放弃苏共领导、放弃社会主义道路，向欧美西方文明靠拢的方向发展。"据社会学调查资料显示，到 1990 年，主张走西方道路的人占总人数的 90% 以上"。"1990 年，有 32% 的人主张模仿美国模式，32% 的人主张模仿日本模式，17% 的人主张模仿德国模式，11% 的人主张模仿瑞典模式。"① 苏联领导人和人民天真地认为，实行了资本主义私有制和市场经济，就能够带来经济的繁荣与发展；脱离了苏共的领导，就能够实现真正的自由民主；抛弃了社会主义道路，就能走上资本主义的康庄大道。

然而事与愿违，在摒弃了独立于西方的社会主义的观念之后，戈尔巴乔夫提出要修正"对社会主义的整个观点"，选择了走"人道的民主的社会主义"的道路，开始按照西方模式改造苏联的政治

① 陆南泉等主编：《苏联兴亡史论》，人民出版社 2002 年版，第 796 页。

经济体制。在政治体制改革上，戈尔巴乔夫照搬西方模式，主张政治多元化，推行多党制和议会民主制。由于苏共领导力不断削弱，新生的苏维埃政府缺乏对国家和社会的管理经验，地方各级苏维埃政府开始脱离中央掌控，各加盟共和国的离心力不断加强。苏联开始陷入社会动荡、政局混乱之中：民族战争纷起，族际冲突伤亡严重，50多万人流离失所；罢工示威层出，反对派频繁鼓动"反共""脱苏"集会，统一的联盟经济联系被迫破裂；独立运动不断，各加盟共和国相继通过主权宣言，联邦逐渐松动。面对严峻的国家形势，戈尔巴乔夫不得不承认苏联处在"紧张局势的顶点"。在经济体制改革上，苏联以推行全面私有化和建立自由主义市场经济为目标。1990年8月，新自由主义性质的"沙塔林500天计划"出炉，戈尔巴乔夫计划500天内将苏联从传统的计划经济转轨到市场经济。这些私有化的改革措施使苏联陷入了经济灾难：消费市场陷入混乱，人们排起长队仍买不到所需的物品，以至于苏联人民要靠西方国家提供"紧急救济食品"才能生活，1990年年底，所有的消费品都开始出现短缺情况；企业上缴利润减少，苏联财政赤字连年增加，1989年苏联的外债就已超过国际警戒线，遭遇到了非常严重的财政问题。严重的经济萧条和社会倒退依然没有让苏联清醒，叶利钦在1991年访问美国时仍然明确宣称："俄罗斯不会走社会主义道路、不会走共产主义道路，它将走美利坚合众国及其他西方文明国家走过的那条文明之路。"① 苏联解体后，俄罗斯依然许诺要迅速实现资本主义现代化，希望能成为"文明世界"的一部分，结果

---

① 转引黄苇町：《苏共亡党二十年祭》，江西高校出版社2013年版，第318页。

3 年的"休克疗法"使俄罗斯的生产总值下降了一半，俄罗斯彻底沦为了经济上的三流国家，2017 年国内生产总值已不及印度、韩国，仅相当于中国广东省、江苏省的经济体量，昔日超过大国沦落至此，确实令人唏嘘不已。

改革的迫切性很容易使一个国家忽略自身国情而寻求发展"捷径"，实践证明，缺乏对自身国情的深刻认识，一味模仿照搬西方模式，只会自尝苦果。资本主义道路只是立足于西方的特定历史条件形成的、适用于西方的发展道路，它并不适用于所有国家，更不是唯一的出路，不能把改革之路西方化、把西方道路普遍化。任何国家都必须按照本国国情确立自己的发展道路，只有走适合自己的路才能获得长远的发展。

与苏联截然不同，中国在改革之初，"我们党就发出了走自己的路、建设中国特色社会主义的伟大号召"。① 在党的十二大上邓小平进一步提出了"走自己的路，建设有中国特色的社会主义"命题。中国特色社会主义道路是"科学社会主义理论逻辑和中国社会发展历史逻辑的辩证统一"，这条路既不是苏联的，也不是东亚"四小龙"的，更不是西方资本主义的，而是深深扎根中国本土的具有中国特色的社会主义道路。40 年的改革实践中，我们始终"坚定不移走中国特色社会主义道路"。正是这种坚定的信念，让我们在面对西方和平演变时，旗帜鲜明地提出了反对资产阶级自由化思想的方针，成功抵御了西方国家的围追堵截、"和平演变"；正是这种坚定信念，赋予了我们改革的信心和勇气，才能使中国特色社会

---

① 习近平：《决胜全面建成小康社会　夺取新时代中国特色社会主义伟大胜利——在中国共产党第十九次全国代表大会上的报告》，人民出版社 2017 年版，第 10 页。

主义事业经受住国际国内风险和挑战的考验，不断取得新突破；正
是这种坚定信念，保证了我们的改革开放始终沿着社会主义方向顺
利进行，使中国特色社会主义的伟大旗帜高高飘扬在世界的东方，
创造了令世人震撼的"中国奇迹"。

六、在改革节奏上，是"先易后难、循序渐进"
　　还是"进退失据、急躁冒进"

准确把握改革脉搏、合理掌控改革节奏是确保改革顺利进行的
关键，也直接关系到改革的成败。在经历了相似的社会主义建设时
期后，中苏都试图摆脱高度集中的计划经济体制带来的困境，实现
从传统计划经济向现代市场经济的转变，因而体制转轨成为了中苏
改革的相同目标。旧体制可以在一夜之间摧毁，新体制却不可能平
地起高楼，一蹴而就。在体制转轨的过程中，如何审慎有效地处理
新旧体制之间破与立的关系，如何合理地把控改革的节奏，中苏
做出了不同选择，结果也形成了强烈对比：苏联"进退失据、急躁
冒进"，造成了失控脱轨，改革以失败告终；中国坚持"先易后难、
循序渐进"，实现了顺利转轨，改革获得了成功。

曾经被认为给苏联带来希望的"改革之父"戈尔巴乔夫，忽视
苏联国情，在改革过程中不分轻重缓急，急躁冒进，企图一步到位
实现体制转轨。结果，苏联改革以希望开篇，却以绝望收尾。

轻重不分，进退失据。在 1985 年的苏共二十七大上，满怀改
革抱负的戈尔巴乔夫提出了"加速发展战略"。这一战略虽然旨在

促进经济增长，但是它的重点却在重工业方面，忽视了农业和轻工业的发展。然而，由于长期实行以重工业为主的计划经济体制，此时苏联面临的最迫切问题是生活必需品严重短缺，广大人民的基本生活需要得不到满足。据有关资料记载，"在日常生活的基本消费品中，95% 以上的商品供应经常短缺，在 211 种食品中有 188 种不能自由买卖，几乎所有的大中城市都实行凭票供应制。"①改革本应首先解决这些刻不容缓的问题，而"加速战略"却把发展机器制造业作为重点。不仅如此，戈尔巴乔夫在经济改革尚未取得明显成效时便匆匆转向了政治体制改革。殊不知，在经济体制改革没有取得有效进展的情况下就匆匆推出政治改革，违背了经济基础决定上层建筑的原理，不但会使政治改革因经济基础薄弱而失败，同时也会拖垮经济体制改革。

一步到位，急躁冒进。戈尔巴乔夫虽有改革的雄心壮志，但是好走极端、急于求成。在政治体制改革方面，为了打破长期以来高度集权的政治体制，充分发扬民主，戈尔巴乔夫打着效仿列宁的旗号，提出"一切权力归苏维埃"的改革目标，企图一步到位，使权力重新回到广大人民群众手中，完成政党的权力转移。但是，戈尔巴乔夫在实行党政分开过程中急躁冒进，安排草率，摊子铺得过大，在完全打破旧的政治体制后，新的政治体制即苏维埃不能及时运转起来，导致了"权力真空"，社会陷入混乱。在经济改革方面，戈尔巴乔夫放弃了政府提出的稳健性的"向可调节市场经济过渡"的渐进式改革方案，而是支持反对派提出的"500 天计划"的激进

---

① 左凤荣：《苏联史：戈尔巴乔夫改革时期》第 9 卷，人民出版社 2013 年版，第 332 页。

改革方案，企图在 500 天内一步到位地实现向市场经济的过渡，实现全面的自由化和私有化。但是这种"休克疗法"带来的并不是经济的"置之死地而后生"，而是"休克"不醒。这种激进的改革方案给苏联带来了严重的通货膨胀，经济濒于崩溃，"根据苏联国家统计委员会的资料，与上一年同期相比，1991 年的头 4 个月内生产下降 35.5%，其中 4 月份下降了 6.6%，是一年半以来创纪录的下降，在统计报表的 156 种产品中有 115 种产品的生产可能减少。"①正是戈尔巴乔夫在改革过程中的草率行动和冒进做法导致了苏联的经济体制改革和政治体制改革不能有效开展，最终以失败收场。

反观中国，作为改革开放的总设计师，邓小平在改革开放初期就明确地指出："改革是中国的第二次革命。……我们的方针是，胆子要大，步子要稳，走一步，看一步。"②40 年来，中国的改革进程始终遵循"蹄疾步稳"的改革方针，坚持先易后难、循序渐进的改革节奏，牢牢掌控改革的主动权。

先易后难，进退有度。邓小平认为，中国的改革是一项复杂的系统工程，其中牵涉到的利益关系盘根错节，决不能眉毛胡子一把抓，必须找准突破口，先易后难，进退有度。先"啃"那些改革成本低、阻力小、周期短、风险小、见效快的"软骨头"，再"啃"那些改革成本高、阻力大、周期长、风险大、见效慢的"硬骨头"。中国的改革正是根据这样的节奏布局的：先农村后城市，先经济后政治，先沿海后内地，先体制外后体制内，由点到面逐步深入。最先强调农村改革，是"因为中国人口的百分之八十在农村，如果不

---

① 左凤荣：《苏联史：戈尔巴乔夫改革时期》第 9 卷，人民出版社 2013 年版，第 497 页。
② 《邓小平文选》第三卷，人民出版社 1993 年版，第 113 页。

解决这百分之八十的人的生活问题，社会就不会是安定的。工业的发展，商业的和其他的经济活动，不能建立在百分之八十的人口贫困的基础之上。"①农村改革是其他改革的基础，只有在农村改革取得成功的基础上，城市改革才能顺利推进。

循序渐进，缓急有度。旧体制向新体制的转型会打破原有的利益格局，遇到来自社会各个方面的阻力，如果急躁冒进，就可能引起剧烈的社会冲突和动荡。因此，中国的社会主义改革一开始就采取了渐进的方式，为新旧体制的转换准备了充足的过渡期，有效避免了社会急剧变革带来的失控和脱轨，防止了社会失序和无政府状态的出现。比如社会主义市场经济体制的建立，绝不是"毕其功于一役"，而是"十年磨一剑"，循序渐进地展开：从党的十二大的"计划经济为主、市场调节为辅"，到党的十三大提出"有计划的商品经济体制"，再到党的十四大最终确认"我国经济体制改革的目标是建立社会主义市场经济体制"。②这样一条循序渐进、缓急有度的改革之路，减少了体制转轨过程中造成的矛盾和摩擦，避免了旧体制被打碎之后，新体制未能及时建立起来所出现的体制"真空"，大大降低了改革成本，确保了社会的平稳运行。

同是社会主义改革，苏联在改革节奏上"进退失据，急躁冒进"，没有处理好改革的力度与社会的可承受程度之间的关系，使得改革失控脱轨，最终造成了苏联的解体。而中国在改革进程中较好地掌控了改革的节奏，秉着"先易后难，循序渐进"的原则，稳

① 《邓小平文选》第三卷，人民出版社1993年版，第117页。
② 江泽民：《高举邓小平理论伟大旗帜　把建设有中国特色社会主义事业全面推向二十一世纪——在中国共产党第十五次全国代表大会上的报告》，人民出版社1997年版，第5页。

步转轨，最大程度减少了改革带来的阵痛，推动改革取得成功。

七、在改革策略上，是"摸着石头过河"
还是"照方抓药"

策略决定做法，做法决定成败。同为社会主义国家，中苏改革的初衷都是为了从传统的僵化模式中挣脱出来，克服其弊端，盘活社会主义。由于没有成熟的理论方法可以套用，也没有现成的经验方案供借鉴，中苏各自采取了不同的改革策略，也带来了不同的结果：苏联无视自身病症的特殊性，按照西方资本主义模式"照方抓药"，终致改革失败；而中国根据自身的实际情况，具体问题具体分析，采取"摸着石头过河"的策略，自主探索出了中国特色社会主义道路，使改革取得成功。

苏联在改革过程中，缺乏自行探索的意志和勇气，始终没能认清自己的实际情况，走出一条真正适合自己的改革道路，反而邯郸学步、"照方抓药"，匆忙地走上了西方设计的道路。在经济体制改革中，苏联总体上放任自流，没有主张，没有定力，没有章法。在缺乏摸索、试点的情况下，自1988年到1989年的短短两年时间里，苏联就以法律的形式相继出台了《苏联合作社法》《租赁法》和《所有制法》，既没有为种种改革措施留下足够的探索期和发酵期，又单纯强调了各种所有制的平等关系。仅仅一年之后，即1990年，苏联又通过了一部《私有化法》，开始全面私有化。在西方的援助、撮合和指点下，苏联仓促推行经济改革"500天计划"，甚至规定要在不到 17 个月的时间内，使至少 70% 的工业企业实现私有化，转变为联合股份公司，同时要大规模引进外资，迅速转向资本主义的自由市场经济。然而"药不对症"，正是在这一年，苏联社会生产出现"二战"之后的首次负增长。

在政治体制改革中，苏联更是"病急乱投医"，直接照搬西方的三权分立、多党制、议会民主制等体制。以戈尔巴乔夫为首的"改革派"认为，苏联建成的社会主义是专横的极权主义社会，因此要向人道、民主的社会主义变革。同样未经摸索试验，苏联于1990 年仓促废除了苏维埃制度，代之以人民代表大会制度。苏共行动纲领清楚地表明，立法权、行政权和司法权三权分立对于管理效率来说具有关键性的意义。接着，根据戈尔巴乔夫的提议，苏联直接通过修改宪法条款，废止了苏共的领导地位，多党制获得了法律基础。在意识形态上，1987 年戈尔巴乔夫就提出"新思维"，强调"全人类的价值高于一切"，鼓吹"民主化"和"公开性"，并将其作为指导苏联内外政策的依据。"新思维"本质上是西方思维，是资产阶级所宣扬的抽象的人道主义，是对"和平演变"的迎合和对"普世价值"的承认，是按照西方的价值观决定苏联的改革策略。以上种种改革，严重削弱了苏联党中央的权力，给苏联共产党的执政地位带来了严峻的挑战。苏联共产党的各级组织也因为突如其来的自由民主之风，纪律涣散，迅速瘫痪，大批党员干部纷纷退党。1991 年 7 月，苏共党员人数降至 1500 万，倒退到 1973 年的水平。[①] 终致苏联共产党完全丧失执政地位，民族分离主义和地区

---

① 陈之骅、吴恩远、马闪龙主编：《苏联兴亡史纲》，中国社会科学出版社 2016 年版，第 697 页。

分离主义兴起，苏联随之土崩瓦解。

反观中国，早在 1980 年，陈云就指出："改革固然要靠一定的理论研究、经济统计和经济预测，更重要的还是要从试点着手，随时总结经验，也就是要'摸着石头过河'。"① 邓小平将其确立为"今后长期的指导方针"。②"我们现在所干的事业是一项新事业，马克思没有讲过，我们的前人没有做过，其他社会主义国家也没有干过，所以，没有现成的经验可学。我们只能在干中学，在实践中摸索。"③"摸着石头过河"是具有中国特色的改革方法，是中国改革成功的重要策略。

中国农村改革就是这一策略的直接产物，因为我们"摸到"的第一块"石头"，即第一个规律是，改革要成功必须首先解决人民的温饱问题。为此，农村改革实行家庭联产承包责任制，使农民自主生产经营，自负盈亏，提高农民的生产积极性。据统计，1988 年与 1978 年相比，生产的粮食增长 16.3%，平均每年增长 1.5%。这 10 年劳动生产率提高的幅度，大于从 1949 年到 1978 年的 29 年。④ 温饱问题就此解决了。在农村改革的基础上，又摸索出城镇改革的方法，城镇个体商贩和私人小企业的存在也相应得到允许，非公有制经济得到快速发展。与此同时，国有企业改革也在摸索中逐步深入，在不放弃公有制主导地位的前提下，对企业进行股份制改造，进而摸索出"以公有制为主体，多种经济共同发展"的基本经济制度。这种有效的探索方法又渐渐扩展到了其他各个方面的改

① 《陈云文选》第三卷，人民出版社 1995 年版，第 279 页。
② 《邓小平文选》第二卷，人民出版社 1994 年版，第 354 页。
③ 《邓小平文选》第三卷，人民出版社 1993 年版，第 258—259 页。
④ 国家统计局编：《奋进的四十年》，统计出版社 1989 年版，第 24 页。

革。中国正是成功采用了"摸着石头过河"的改革策略，没有病急乱投医，而是根据自身特殊性成功地诊断出了病症，对症下药，大病慢医，小病速治，确保了改革的成功。

苏联改革"照方抓药""以西为尊"，经济体制改革照搬西方经济模式，全面私有化和建立自由主义市场经济；政治体制改革照搬西方政治模式，搞多党制和自由竞争，最终药不对症，亡党亡国。而中国改革坚持"摸着石头过河"、"以实践为尊"，形成了中国特色的社会主义政治经济体制，社会主义事业重新焕发了活力。

八、在改革主体上，是"内部主体主导改革"还是"外部主体主导改革"

内部主体是推动改革的核心动力，根本上决定了改革的走向，改革由内部主体主导才能走上正轨，外部主体的干涉和主导往往会让改革偏离正轨，误入歧途。改革主体的不同正是导致中苏改革结局截然相反的重要原因：苏联是由外部主体主导改革，把改革的权柄交给西方，借助西方"援助"推进改革，终致改革整体上偏离了苏联的党情国情民情，以失败告终；中国则是内部主体主导改革，即自主改革，改什么、怎么改、改得怎么样都由自己说了算，改革的性质、力度、节奏和策略各方面最大程度上符合自身国情，从而确保了改革的成功。

苏联由于缺少自身的定力，改革方案由西方指点，改革意识形态受西方把控，改革目标也被西方消解。苏联共产党忽视人民群众的主体地位，在西方"潜移默化""连哄带骗""软硬兼施"的影响下，依赖西方的"洋专家"制定改革方案，逐步让出了改革的主导权，最终使改革变成了改变社会主义性质的革命。比如，戈尔巴乔夫及其同僚，一开始就把一些西方国家培植的专家招纳为智囊，让其在各大媒体频频发声，为改革制定方案，后来则直接求助于外国专家。苏联在改革关键时期出台的"500天计划"，也是由苏联自己的"洋专家"制定，美国在其中扮演了暗中撮合指点的角色。1991年的"哈佛计划"，则是由苏联专家小组赴美与美国专家共同起草而成。作为西方学者为苏联开出的药方，这个计划备受关注，而其核心内容却是让苏联在西方的援助下，进行激进的政治经济改革，建立以私有制为基础的市场经济和民主政治制度。该计划的第三章直接由美国人主笔，大量论证了促进苏联实现民主化和市场化是"冷战"后西方国家的主要政策之一。参与拟订这一计划的美国教授费希尔甚至毫不讳言地说："我们要一个民主的资本主义的国家"。也正是这一年7月，苏联通过了《私有化法》，直接加速了自己的灭亡。

此外，西方积极推动"和平演变"，间接主导了苏联改革的走向。借助戈尔巴乔夫的"民主化""公开性"方针，以及随之而来的1987年急速高涨的"历史反思热"和历史虚无主义浪潮，西方势力纷纷建立"非正式组织"开展民主化运动。一方面，大肆利用报纸、杂志和电视等新闻媒体，制造话题、控制话语权、传达民意，全面宣扬西方资本主义的社会制度和生活方式；另一方面，片面突出苏联体制中不民主、不尊重人权等问题，苏联苏共的历史和社会主义成就、共产主义远大理想被淡化甚至是否定，而西方资产阶级的民主制度和自由主义市场经济得到美化，一时间苏联民众和一些重要政府官员都成为西方制度的崇拜者。到 20 世纪 80 年代末 90 年代初，苏联彻底失去了对意识形态的控制，以致"到苏联解体前夕，苏共掌握的报刊仅占 1.5%。"① 至此，苏联的社会主义理想幻灭，改革的目标被西方顺利引向了资本主义。

中国在改革之初，邓小平就明确改革的主体只能是"中国人自己"，"中国的事情要按照中国的情况来办，要依靠中国人自己的力量来办。独立自主，自力更生，无论过去、现在和将来，都是我们的立足点。"② 中国的改革始终由中国共产党和中国人民自己做主：中国共产党是领导改革的政治核心、谋划改革的决策中心、推动改革的指挥中心；中国人民是"改革的主体"，③中国人民的福祉是改革的出发点和落脚点，中国人民的首创精神是改革的生命线。

中国的改革道路由党和人民群众自己选择；改革的战略决策由党和人民群众自己制定；改革的效果由党和人民群众自己检验。在党和人民群众的共同选择下，中国的改革没有走封闭僵化的"老路"，也没有走改旗易帜的"邪路"。改革没有改掉公有制的主体地位；没有放弃国有经济的主导地位；没有否定人民的主体地位；没有抛弃共同富裕的价值目标；没有放弃作为立国之本的四项基本原则。中国的改革始终牢牢行走在"社会主义制度自我完善和发展"的道路上，怎么改、改什么、怎么完善，始终坚持自己的"政

---

① 转引自陈之骅：《意识形态自由化的恶果：历史虚无主义搞乱苏联》，《人民论坛》2013 年第 27 期。

② 《邓小平文选》第三卷，人民出版社 1993 年版，第 3 页。

③ 《中共中央关于全面深化改革若干重大问题的决定》，《人民日报》2013 年 11 月 16 日。

治原则和底线"，① 始终强调改革要有主张、有定力，"坚持社会主义市场经济改革方向"。② 对此，英国学者肖恩·布雷斯林认为，中国的改革有自己的套路，"它不是一种大爆炸式的改革，也不是休克疗法；它不是一种经济自由化必然带来民主化的过程；它不是放弃国家对关键部门的控制；它不是全面的自由化或新自由主义化；它不是西方式的行动方式；它不是遵循某种模式或处方；它不是让别人告诉自己应该怎么做，也不是告诉别人应该怎么做。"③ 确实，中国的改革始终有自己的基本遵循，始终走在自己预先设定的道路上，从来没有迷失"主体性"而进入西方谋划的轨迹之中。无论是改革初期社会主义现代化建设战略目标的设定，还是现在"四个全面"的战略布局；无论是农村改革，还是城市改革；无论是经济体制改革，还是政治体制等其他各方面体制改革；无论是先前提出的"发挥市场的基础性作用"，还是后来提出的"发挥市场的决定性作用"；无论是"摸着石头过河"的改革试探方法，还是"加强顶层设计"的改革谋划方法，都是中国自主谋划的结果。

九、在评价标准上，是"猫论"还是"外面的和尚会念经"

　　改革是一项漫长而复杂的系统工程，及时准确地评价改革成

---

① 《习近平关于全面深化改革论述摘编》，中央文献出版社 2014 年版，第 49 页。
② 《习近平谈治国理政》，外文出版社 2014 年版，第 94 页。
③ ［英］肖恩·布雷斯林：《"中国模式"与全球危机：从弗里德里希·李斯特到中国治理模式》，冯瑾译，《当代世界与社会主义》2012 年第 1 期。

效，是决定改革成败最为关键的环节。由于推进改革的主体不同，中苏改革的评价标准也大相径庭：苏联改革遵循"外面的和尚会念经"的评价标准，以外国专家政要为评价主体，盲目地参照西方标准，轻视自身的评判能力，忽略自身国情和本国人民的切身利益，对改革形势没有正确科学的评判，从而误入歧途，最终导致改革失败。中国改革按照科学的评价标准，以中国人民为评价主体，以满足人们的切身需要为目标，同时根据中国的特殊国情、社会主义发展的客观趋势，及时对各领域的改革做出客观的评价，进而调整改革策略，确保了改革稳步推进。

苏联改革缺少自我主张，迷信西方标准，参照西方模式，顺从西方指点，总以为"外面的和尚会念经"，反认他乡是故乡。所谓改革派将西方专家政要的观点奉为权威，对国内专家学者的呼吁和人民的呼声却充耳不闻，仿佛西方的拍手叫好就是最大的肯定，"西方"俨然成为苏联领导层制定改革方案、选择改革策略、衡量改革成败的唯一标准。例如，1990美国积极牵线搭桥，促成戈尔巴乔夫和叶利钦达成协议，制定了全苏联向自由市场经济过渡的"500天计划"。亚夫林斯基作为该小组的专家之一，充当着听取与传达美国指点和给美国通报情况的角色。对于戈尔巴乔夫和叶利钦的这一联手，《华盛顿邮报》发文称，是"苏联改革中较有希望的时期"。后来美国总统里根访苏，不失赞赏地对戈尔巴乔夫说："改革进程在美国政界得到同情和支持"，"由于改革，苏联已走上正确道路"。但事实上，"500天计划"完全是为了否定和取代苏联部长会议主席雷日科夫提出的"关于形成可调节市场经济的结构和机制"的"政府纲领"。由于迷信西方标准，迎合西方口味，对标西方理论，雷日科夫对苏联市场经济调整的一次有益探索被扼杀，而被西方肯定的"正确道路"占得了上风，最终给苏联带来了灾难性的后果。

又比如，戈尔巴乔夫志在"改变苏联政治制度本身的特征"，[①]对此西方一片叫好，引为知己同道，但事实上此举严重忽视了国内稳定的政治环境对于改革的重要性。推行三权分立、多党制和议会制，使得苏联共产党失去了掌控国家的能力，而"稳定的先决条件至少得有一个高度制度化的政党"，[②]正是由于丧失了苏共的领导，苏联才在政治上发生了由治而乱的巨变。戈尔巴乔夫倡导"新思维"，声称为了实现向"当代世界的阶级原则和全人类原则相互关系的新概念的转变"，"把全人类利益置于时代的至高无上的地位"。[③]1990年，随着东欧剧变，因为对全球政治和世界和平作出了西方认可的独特贡献，戈尔巴乔夫被西方授予诺贝尔和平奖。然而，此时苏联的国民收入下降了4%，消费品严重匮乏，人民生活水平显著下降，整个经济陷入深刻危机。强调"人类利益"的戈尔巴乔夫却忽视了苏联人民的利益，迎合西方的倡议却忽视了自身的危机，仅仅一年后，包括民族冲突在内各种冲突全面爆发，苏联随之解体。

再来看中国，早在20世纪60年代，邓小平就提出："生产关系究竟以什么形式为最好，恐怕要采取这样一种态度，就是哪种形式在哪个地方能够比较容易比较快地恢复和发展农业生产，就采取

[①]　转引自谭索：《戈尔巴乔夫的改革与苏联的毁灭》，社会文献出版社2006年版，第497页。

[②]　亨廷顿：《变化社会中的政治秩序》，王冠华等译，三联书店1989年版，第85页。

[③]　戈尔巴乔夫：《改革与新思维》，新华出版社1987年版，第184页。

哪种形式；群众愿意采取哪种形式，就应该采取哪种形式"，"黄猫、黑猫，只要捉住老鼠就是好猫。"① 这就是人们所说的"猫论"。改革开放伊始，邓小平再度强调，对不涉及社会根本性质的体制要大胆尝试改革，用事实说话，对的就坚持，错了就改革。

"猫论"的前提是确保改革有安定的政治环境。邓小平对美国前总统卡特说："中国如果照搬你们的多党竞选、三权鼎立那一套，肯定是动乱局面"。② 动乱之下还有什么改革可谈。"猫论"强调的是求真务实，坚持有利于发展生产力的形式都可以用。"不管你搞什么，一定要有利于发展生产力。""社会主义经济政策对不对，归根到底要看生产力是否发展，人民收入是否增加。这是压倒一切的标准。"③ 1992年，邓小平在南方谈话中，将"猫论"进一步发展为"三个有利于"标准，即是否有利于发展社会主义社会的生产力，是否有利于增强社会主义国家的综合国力，是否有利于提高人民的生活水平。新时代，改革的评价标准又被习近平总书记进一步凝练为"两个是否"，即"是否促进经济社会发展、是否给人民群众带来实实在在的获得感"。④

"猫论"并不是实用主义，只要"有用就是真理"，"有奶便是娘"；也不是"唯生产力论"，只要生产力，不管其他；更不是向西方看齐，只要西方说好，那就一定是好。中国的改革好不好，中国人民最有发言权；中国的改革该怎么进行，中国人民自己最有决定

① 《邓小平文选》第一卷，人民出版社1994年版，第323页。
② 《邓小平文选》第三卷，人民出版社1993年版，第244页。
③ 《邓小平文选》第二卷，人民出版社1994年版，第312、314页。
④ 习近平：《深入扎实抓好改革落实工作　盯着抓反复抓直到抓出成效》，《人民日报》2016年2月24日。

权。习近平指出："道路走得怎么样，最终要靠事实来说话，要由人民来裁判。"①"猫论"体现的是中国按照自己的标准进行自我评判的能力，这是关乎改革方向、改革成败的重大问题，不能有丝毫含糊。

实践是最硬的标准，事实最有说服力。无论什么样的改革举措，只要在实践过程中得到本国的老百姓拥护、赞成、高兴和满意，那就是好的改革。反之，"外来的和尚"叫得再好，其他国家夸得再美，也不一定是对路的改革。苏联改革之所以失败，正是因为改革没有取得利于苏维埃社会主义共和国联盟、利于苏联共产党、利于苏联人民的实际成果。中国改革走自己的路，任西方评头论足而不为所动，一心一意务利国利党利民的实事，注定迎来属于自己的胜利。

---

①　中央宣传部编：《习近平总书记系列重要讲话读本》，人民出版社 2016 年版，第 28 页。

结语：将改革进行到底

改革开放是决定当代中国命运的关键一招，也是决定实现"两个一百年"奋斗目标、实现中华民族伟大复兴的关键一招。习近平总书记指出："改革开放是当代中国最鲜明的特色，是我们党在新的历史时期的旗帜。改革开放是决定当代中国命运的关键抉择，是党和人民事业大踏步赶上时代的重要法宝。"①

历史经验浓缩为一句话：没有改革开放，就没有中国的今天，也就没有中国的明天。

（一）

近代以来，中国长期落后于时代，落后于世界，一个根本的原因就是闭关锁国、封闭僵化。中国是世界上最早进入封建社会，又最迟走出封建社会，封建社会历史最长的国家。在由传统社会向近

---

① 《习近平谈治国理政》第二卷，外文出版社 2017 年版，第 39 页。

代社会的转型过程中，中国对外实行闭关锁国政策，对内实行重农抑商政策，压制新的生产关系的发展，导致中国社会发展远远落后于西方，落后于资本主义工业文明的时代潮流。

新中国成立后，我们对如何建设社会主义进行了艰辛的探索，但由于西方国家的敌视和封锁，由于自然灾害频发，加上我们缺乏社会主义建设经验，关起门来搞建设，主观上又犯了急躁冒进的错误，直到20世纪70年代后期，我国仍然没有摆脱贫穷落后的状况，依然落后于时代。

如何迎头赶上时代，成为摆在邓小平等中国共产党人面前的重大历史课题。以邓小平同志为核心的第二代中央领导集体勇立时代潮头，作出了改革开放的伟大决策，开启了当代中国的改革进程。以江泽民、胡锦涛为代表的中国共产党人继续推进了改革开放的伟大事业，在当代中国的历史上留下了精彩的一笔。党的十八大以来，以习近平同志为核心的党中央开启了全面深化改革的新时代，续写了当代中国的改革新篇章。

今天，改革开放已经进入第40个年头。40年来，"我们党团结带领人民进行改革开放新的伟大革命，破除阻碍国家和民族发展的一切思想和体制障碍，开辟了中国特色社会主义道路，使中国大踏步赶上时代"。[1] 今天，我国经济实力、科技实力、国防实力、综合国力进入世界前列，我国国际地位实现了前所未有的提升，中国人民的面貌、社会主义中国的面貌、中国共产党的面貌发生了深刻变化，中国特色社会主义进入新时代，彻底摆脱了被开除球籍的

---

[1]　习近平：《决胜全面建成小康社会　夺取新时代中国特色社会主义伟大胜利——在中国共产党第十九次全国代表大会上的报告》，人民出版社2017年版，第14页。

危险，中华民族以崭新姿态屹立于世界的东方。1992 年，邓小平同志在南方谈话中说："不坚持社会主义，不改革开放，不发展经济，不改善人民生活，只能是死路一条。"① 现在来看，邓小平同志这番话是非常深刻且富有远见的。

回顾 40 年的改革开放史，我们靠什么实现国民经济健康快速发展？靠什么摆脱被开除球籍的尴尬处境？靠什么一步步走近世界舞台中央？靠什么在全球两种制度、两种主义、两条道路的竞争中赢得比较优势？靠什么撑起民族自信、国家自信和政党自信？靠什么在意识形态的较量中赢得精神上的主动？靠的就是坚持不懈推进改革开放，"只有改革开放才能发展中国、发展社会主义、发展马克思主义"。②

（二）

中国特色社会主义事业是不断发展的事业，改革开放永远在路上。习近平总书记指出："实践发展永无止境，解放思想永无止境，改革开放也永无止境，停顿和倒退没有出路，改革开放只有进行时、没有完成时。"③ 改革开放以来，我们用改革的办法解决了党和国家事业发展中的一系列问题。同时，在认识世界和改造世界的过程中，旧的问题解决了，新的问题又会产生，制度总是需要不断完

① 《邓小平文选》第三卷，人民出版社 1993 年版，第 370 页。
② 习近平：《决胜全面建成小康社会　夺取新时代中国特色社会主义伟大胜利——在中国共产党第十九次全国代表大会上的报告》，人民出版社 2017 年版，第 21 页。
③ 《习近平谈治国理政》，外文出版社 2014 年版，第 71 页。

善，因而改革既不可能一蹴而就、也不可能一劳永逸。中国特色社会主义进入新时代，改革路上还会遇到这样那样的新情况新课题，还要应对各种可以预料和难以预料的风险挑战，我们必须通过全面深化改革，着力解决我国发展面临的一系列突出矛盾和问题，不断推进中国特色社会主义制度自我完善和发展。

当前，国内外环境都在发生极为广泛而深刻的变化，我国发展面临一系列突出矛盾和挑战，前进道路上还有不少困难和问题。比如：发展不平衡不充分的一些突出问题尚未解决，发展质量和效益还不高，创新能力还不强，实体经济水平有待提高，生态环境保护任重道远；民生领域还有不少短板，脱贫攻坚任务艰巨，城乡区域发展和收入分配差距依然较大，群众在就业、教育、医疗、居住、养老等方面面临不少难题；社会文明水平尚需提高；社会矛盾和问题交织叠加，全面依法治国任务依然繁重，国家治理体系和治理能力的现代化水平有待提升；意识形态领域斗争依然复杂，国家安全面临新情况；一些改革部署和重大政策措施需要进一步落实；党的建设方面还存在不少薄弱环节。这些困难与挑战，正是改革下一步需要发力之处。解决这些问题，关键在于全面深化改革，"坚定不移将改革进行到底"。①

展望未来，我们要决胜全面建成小康社会，基本实现社会主义现代化，建成富强民主文明和谐美丽的社会主义现代化强国，实现中华民族伟大复兴的中国梦，除了深化改革开放，别无他途；我们"要破解发展面临的各种难题，化解来自各方面的风险和挑战，更

① 《习近平谈治国理政》第二卷，外文出版社2017年版，第107页。

好发挥中国特色社会主义制度优势，推动经济社会持续健康发展，除了深化改革开放，别无他途"①；我们要坚定地走向世界舞台中央，为解决人类面临的共同难题提供中国方案，为捍卫世界和平与发展的主题贡献中国力量，为优化全球治理体系、重建全球治理秩序贡献中国主张，为重塑国际交往理性和世界精神提供中国价值，除了深化改革开放，别无他途。一言以蔽之，改革开放是当代中国发展进步的必由之路，是实现中华民族伟大复兴的必由之路。

（三）

"将改革进行到底！"这是中国共产党在总结过去、判断当下、展望未来的基础上提出的时代最强音。

当代中国已经进入"十九大时间"。当下及未来之改革何去何从？一句话，以人民为中心，将改革进行到底！只要我们不走封闭僵化的老路，不走改旗易帜的邪路，以一往无前之勇气持续推进改革大业，中华民族有信心、有能力完成民族复兴的关键一跃！

第一，改革是硬道理。常言道，发展是硬道理。其实，改革也是硬道理，是中国特色社会主义的主旋律，是当代中国发展进步的直接动力。改革是社会主义制度的自我完善和发展，通过改革生产关系和上层建筑中不适应生产力发展的环节和因素，为解放生产力清除障碍，为发展生产力开辟道路。没有改革，难有发展。

---

① 《习近平谈治国理政》，外文出版社 2014 年版，第 86 页。

第二，改革为了人民。人民对美好生活的向往就是我们的奋斗目标。任何改革观都有一个价值维度，都有一个"为了谁"的问题。以人民为中心的改革观鲜明指出：改革为了人民。习近平总书记指出："老百姓关心什么、期盼什么，改革就要抓住什么、推进什么，通过改革给人民群众带来更多获得感。"[①]这便是以人民为中心的改革观。改革开放以来，中国共产党的执政成绩单让任何一个国家都"自叹弗如"，取得了西方国家一百多年甚至几百年才能取得的成就，关键就在于我们始终坚持以人民为中心的改革立场，始终捍卫人民在改革中的核心利益，让最大多数人始终成为改革的最大受益者、坚定拥护者、自觉推动者，让最大多数人在改革中获得自我成就感、民族自豪感和大国荣誉感。

第三，改革依靠人民。"人民是我们力量的源泉"，是改革的动力主体，必须紧紧依靠人民推动改革。社会生活在本质上是实践的。社会发展无非是人的实践活动不断展开的过程，社会改革无非是人的实践模式不断变革的过程。人民群众是实践的主体，发展的主体，也是改革的主体，社会改革本质上是群众的事业，随着改革活动的深入，必将是群众队伍的扩大。从过去的"包产到户"，到今天的"万众创业"，无不证明了这一点。

第四，改革成果由人民共享。广大人民群众共享改革发展成果，是社会主义的本质要求。我们的改革到底成功不成功，关键看老百姓有没有共享改革成果，有没有实现共同富裕。改革开放初期，邓小平就指出，社会主义经济政策对不对，归根到底要看生

---

① 《习近平谈治国理政》第二卷，外文出版社 2017 年版，第 103 页。

产力是否发达，人民收入是否增加，这是压倒一切的标准。习近平总书记也指出："改革发展搞得成功不成功，最终的判断标准是人民是不是共同享受到了改革发展成果。"①改革发展没有了人民群众的广泛参与，不可能成功；同样，改革发展如果不能给老百姓带来实实在在的利益，不能创造更加公平的社会环境，改革就失去了意义。今天，我们改革就是要改出这样一种效果，形成这样一种环境：人人"共同享有人生出彩的机会"，"共同享有梦想成真的机会"，"共同享有同祖国和时代一起成长与进步的机会"，②让改革发展成果更多更公平地惠及全体人民，让人民群众有更多的"获得感""幸福感""尊严感"。

改革开放成就了中国的今天，也将决定中国的未来。改革只有进行时，没有完成时，你我携手共进，将改革进行到底！

---

① 《中共中央召开党外人士座谈会》，《人民日报》2015 年 10 月 31 日。
② 《习近平谈治国理政》，外文出版社 2014 年版，第 40 页。

后　记

今年是改革开放 40 周年，中国特色社会主义已经进入了新时代，中华民族伟大复兴站在了新的历史起点上。《改革开放改变中国——中国改革的成功密码》尝试着用大众的语言，从学理上梳理中国改革成功的历史经验，剖析中国奇迹的深层密码，揭示中国复兴的世界意义，是一部抛砖引玉的献礼之作。

本书是中央党校马克思主义中国化学术团队集体攻关的成果，部分内容已经见诸报端和刊物。我负责拟定本书的写作提纲、基本思路和主体框架，负责全书修改、统稿、定稿。各章具体分工如下：陈曙光教授（序言、第三章、第四章、第六章、第八章）、李海青教授（第一章、第五章）、崔丽华副教授（第二章）、周正刚教授（第七章）、周梅玲、余伟如（第九章）、唐爱军副教授（结语）。

此外，我指导的武汉大学博士生、硕士生也参与了部分章节资料收集和引文校核工作，他们是周梅玲、余伟如、杨洁、陈雪雪、黄敏、刘小莉、李娟仙、杜丽娟、阮华荣、徐毅文、尹慧娟、卢静宜等。

　　本书得以顺利出版，与人民出版社领导的精心策划与编辑团队的辛勤付出是分不开的，在此表示感谢！

　　由于主创团队特别是我个人的认识局限，书中错漏之处恐难避免，欢迎读者批评指正。

陈曙光　于中央党校大有庄

2018 年 5 月 6 日

责任编辑：王世勇

图书在版编目（CIP）数据

改革开放改变中国——中国改革的成功密码／陈曙光等 著 . —北京：
　人民出版社，2018.9（2024.1 重印）
ISBN 978－7－01－019404－2

I. ①改… 　II. ①陈… 　III. ①改革开放－研究－中国 　IV. ① D61

中国版本图书馆 CIP 数据核字（2018）第 119161 号

改革开放改变中国
GAIGE KAIFANG GAIBIAN ZHONGGUO
——中国改革的成功密码

陈曙光　李海青 等　著

人民出版社 出版发行

（100706　北京市东城区隆福寺街 99 号）

环球东方（北京）印务有限公司印刷　新华书店经销

2018 年 9 月第 1 版　2024 年 1 月北京第 4 次印刷
开本：710 毫米 × 1000 毫米 1/16　印张：13
字数：150 千字

ISBN 978－7－01－019404－2　定价：58.00 元

邮购地址 100706　北京市东城区隆福寺街 99 号
人民东方图书销售中心　电话（010）65250042　65289539

版权所有·侵权必究
凡购买本社图书，如有印制质量问题，我社负责调换。
服务电话：（010）65250042